即将消失的世界奇观

PLACES TO VISIT BEFORE THEY DISAPPEAR

[意] 加斯米娜·特里福尼 著
薛莹 译

中国摄影出版社
China Photographic Publishing House

Contents
目录

前言

勃朗峰（Monte Bianco）是欧洲最高峰，其冰川是阿尔卑斯山（Alps）的诸多奇迹之一。大堡礁沿澳大利亚海岸延伸2000多千米，是世界海洋生物的中心，也是唯一可以从太空中看到的有生命的结构。虽然有些人会说，我们无法从外太空看到中国的长城，但不可否认的是，长城是最宏大的人造建筑。并非每个人都知道死海真的是湖，但它位于地球的最低点是绝大多数人所了解的。此外，它的水含盐度极高，人们可以轻易地漂浮在死海上看报纸，而不是在湖里不停地游泳。马尔代夫群岛（Maldives）把“鲁滨逊漂流记”式平静的氛围与先进豪华的度假胜地结合起来，人们在这里可以赤脚享受大自然，这差不多是每个人的愿望清单上都会有的度假胜地。最后，还有世界上最浪漫的城市威尼斯（Venice），它像梦一般从潟湖中升起。而最浪漫的单人纪念碑非印度的泰姬陵莫属，它是莫卧尔王朝的一位皇帝为了纪念他的爱人而兴建的陵墓。

无论是人造珍宝还是自然景观，它们的共同点是举世闻名，这些珍宝和景观的特色也都是显而易见的，以致我们对此并未足够重视。然而所有这些珍宝和景观，以及这本书中所描绘的其他类似景观的处境都不容乐观：它们有一天——在某些情况下——可能会永远地消失。

这本书既不是一本启示录或生态散文集，也不是一本有关我们（这里的“我们”指国际组织、政府以及生活在这些地方的全部人类，甚至仅仅是来这些地方旅行的游客）为了保护自然给予我们的和祖先传承下来的东西而必须遵守和重视的良好行为规章的手册。这本书中没有保护这些景观的方法，而只是很简单地描述了这些景观——它们的现状和它们所面临的危机，同时附有精美的照片。书中所选内容

P2—3 绵延数万千米的中国长城，几百年来一直是抵抗侵略者的有效屏障。现在其受到了大众旅游和“迪士尼乐园式修复”的严重威胁。

P5 冰川国家公园标志性的景观三泉（Triple Falls）距离洛根山口（Logan Pass）很近，洛根山口海拔2026米，是向阳大道这条穿过保护区的旅游路线的最高点。

P6—7 旭日给格陵兰岛（Greenland）迪斯科湾（Disko Bay）的冰川笼罩上了一层橘黄色调。这里是地球上人们可以用肉眼看见气候变化过程的几个偏远地区之一。

P9 澳大利亚大堡礁是受气候变化和人类活动威胁的最大的自然文化遗产，这里的众多奇迹之一就是沙洲的大小和形状会在潮汐的作用下改变。

并不十分统一，既有如前面所提及的世人皆知的著名景观，又有相对冷僻、少人知晓的景观，甚至还有一些大多数人都不知道的景观，如位于土耳其（Turkey）阿尼（Ani）的大教堂遗迹，这是亚美尼亚文化存在的珍贵证据。还有位于洪都拉斯（Honduras）的雷奥普拉塔诺生物圈保留地（Río Plátano），这里是热带大自然与少数民族遗产（以及最近发现的考古遗址）相结合之地。出于对可能发生的悲剧命运的担忧，联合国教科文组织已经正式将其中一些景观登记入册，以警示人们予以保护。而对于其他景观，从世界文化遗产基金会到世界自然基金会，大量国际组织也表露出这种担忧（并随之募集基金和开展修复或保护活动）。当然，笼罩在这些地方的危机在类型和严重程度上不尽相同。位居危机清单之首的便是由人类活动引起的气候变化。我们都知道，气候变化会改变自然景观甚至我们许多人的生活：海平面上升，终有一天会使许多沿海地区无法居住，同时淹没许多岛屿；冰川萎缩和消失；许多动植物栖息地和生态系统遭到破坏，导致动植物在极度不适应下走向灭亡。

其他危机类型有疏忽、恶化、污染、经济利益（最好的一个例子就是经济利益与尝试保护亚马逊雨林这一地球之“肺”相冲突）、犯罪活动（如偷猎和非法砍伐森林）、人口减少和无监管的流动游客。其中一些是无法预测、要视情况而定的，诸如尼泊尔（Nepal）遭遇的地震，以及某些政治不稳定时期爆发的战争，战争过后给存活下来的人们和难以恢复的建筑和自然留下了永久的伤痛。利比亚（Libya）就是这种情况，其所有遗迹被列入联合国教科文组织《世界文化遗产名录》。该名录还包括非洲盖达米斯（Ghadames）壮观的罗马帝国遗迹，这是一片宏伟壮观的绿洲，位于通往撒哈拉沙漠的通道要处，是柏柏尔族（Berber）和图阿雷格族（Tuareg）文化的碰撞之地，也被列入濒危世界遗产的“黑名单”。叙利亚（Syria）的情况也是如此，这个国家完全陷入残暴的冲突中，使世界上可持续居住的最古老城市之一的阿勒坡（Aleppo）成为受害者，只留下苦难和一地碎石，文明在此不复存在。

或许人们很容易认为，把像阿勒坡（Aleppo）这种已不复存在的城市作为“将被拯救的城市”写入这本书没有多大意义。然而，历史告诉我们，这并不总是正确的。例如，我们只需要想想被西哥特人拯救的罗马（Rome）在中世纪实际上就是一个村庄，或被原子弹毁灭的广岛（Hiroshima）和长崎（Nagasaki），这两个历史事件在时间和地理上都相差很远。罗马仍然值得被称为“永恒之城”，其他两个城市现在在科技高度发达的日本都是繁荣的大都市。城市就是生物体，也正因为如此，它与生活在其中的物种——地球上出现过的最坚定、最机敏的物种——人类一样有复原力。因此，这有赖于拥有必要意识和无限能力的我们，去探寻和发现解决方法，从而使猩猩免于灭绝、珊瑚免于“漂白”、萨那（Sana'a）的古代“摩天大楼”免于分解，并通过改正我们数不胜数的错误来保护我们的地球，为后代着想。这是我们每个人都必须要做出的承诺，尤其是对我们自己做出这个承诺。

P10 从亚马逊流域到婆罗洲（Borneo），人类毫无约束地砍伐森林，严重威胁着我们地球的“绿肺”。

P12—13 高亚河（Koiva River）位于一片奇妙的绿色景观中，是爱沙尼亚和拉脱维亚两国的边界。在爱沙尼亚，森林占据了50%的领土，且该国生态的经济、社会和文化价值都在国家的宪法中得到了官方认可。

P14—15 也门政局动荡以及当地几乎不重视保护首都萨那历史悠久的壮观建筑的表现促使联合国教科文组织把这座城市列入《濒危世界遗产名录》。

伊路利萨特冰湾

伊路利萨特冰湾（The Ilulissat Icefjord）位于格陵兰岛，是北半球移动速度最快的冰川，每年产生 46 立方千米的冰，这是用肉眼观察气候变化的理想之地。

是否可以用肉眼观察到气候变化过程呢？答案是肯定的，但是在地球上只有很少的几个地方才可以观察到，而且是最偏远的地方。其中一个地方就是格陵兰岛，更确切地说，是伊路利萨特村。伊路利萨特村位于世界上最大的岛屿，是这座岛屿上的第三大定居地，由少量绘有艳丽色彩的木屋和约 5000 个公民以及约 6000 只哈士奇组成。伊路利萨特冰湾沿迪斯科湾分布，迪斯科湾位于北极圈以北约 250 千米处，伊路利萨特冰湾是这里的一部分，冰湾波澜壮阔

的冰床长达 40 千米，雅各布港冰川 [Jakobshavn Isbræ，当地语言称为瑟默克库雅勒克（Sermeq Kujalleq）] 沿着冰湾向海洋延伸开去。伊路利萨特冰湾是北半球移动速度最快的冰川，每 24 小时移动 40 米。

每年，伴随着雷鸣般震耳欲聋的响声，冰川都会发生崩裂，崩裂的冰的体积令人难以置信——约 46 立方千米——具体来说，

P16 伊路利萨特冰湾到处都是融入大海的小冰块，这形成了一幅离奇美丽的海景，引人注目。

P16—17 在午夜太阳之地，夏天的晚上 11 点左右，也就是当地所说的“黄金时间”，迪斯科湾的冰山会产生极其美丽的淡蓝色。

相关信息

· 格陵兰岛（Greenland），丹麦

· 受威胁缘由：气候变化（冰川萎缩）

这些冰化成的水相当于美国所有人口一年的用水需求量。由于冰山非常庞大，它们必须要漂流到大不列颠最南端纬度地区才能够融化，但是，大多数冰山由于其自身重量大而仍然停留在伊路利萨特冰湾，于是便形成了白色与淡蓝色交融的梦幻般的“建筑”。

冰山漂流入加拿大的纽芬兰则更为罕见，因此，导致泰坦尼克号遇难的冰山有可能就来自伊路利萨特冰湾。

气候学家认为伊路利萨特冰湾是观察全球变暖效应的绝佳之地，这是很有道理的。格陵兰岛的冰盖表面积有 1700000 立方千米，其中一些地方冰的厚度达 3.5 千米。在冰川时代，巨大的白色块状物覆盖了欧洲部分地区、北美洲和大西洋，而冰盖就是这些白色块状物的遗迹。现在，由于温度上升，冰盖正不断融化，且融化速度之快令人不安。

自 2001 年以来，雅各布港冰川已经消退了近 15 千米。2015 年，冰川融化的体积达 30 立方千米，而在 2000 年和 1992 年冰川融化的体积分别是 10 立方千米和 5 立方千米。

不用说，伊路利萨特冰湾冰山的形成速度已经加快，现在平均每天有 85 吨冰融入大海，这令人感到十分担忧。科学家估计，如果极地冰盖继续以这一速度融化，

到 2100 年，海平面将上升 1.5 米。

在不出一代人的时间里，全球变暖就在伊路利萨特引起了一场变革，这场变革对当地的环境、经济和社会都产生了相当大的负面影响。在为纪念探险家克努兹·拉斯穆森（Knud Rasmussen）而建立的村博物馆里，曾举办过破冰展览，这场展览对所有负面影响都给出了解释。几年前的冬天，只有当迪斯科湾覆盖上一层厚厚的冰时，伊路利萨特的居民才能够像几个世纪以来所做的那样，乘坐狗拉的雪橇去捕猎。现在，在夏天，这里的气候已经不再是极地气候，而变成副北极气候：2016 年，村民第一次能够在此地种植和收割土豆。

P18 在格陵兰岛，“裂冰”（即冰山的形成）对游客来说很有吸引力，游客可以在船上观察这一惊奇的现象。

P19 夏天，格陵兰岛的冰盖上形成了冰面水道。2012 年，高温打破历史纪录，融冰的海拔高度已提高到 3200 米。

P20—21 这是一幅壮观的巨大冰山的鸟瞰图。2015 年 8 月 14 日，迄今为止所发现的最大冰山——表面积达 12.5 平方千米——从雅各布港冰川分裂。

勃朗峰和冰海冰川

气候学家称，欧洲巨峰“发烧”了。预计到2100年，由于高温，冰川将会融化，林木线将向上迁移，因此在举世闻名的勃朗峰山峦上，白色可能不复存在。

第一本关于勃朗峰的旅游指南于1863年在伦敦出版，为爱尔兰人约翰·鲍尔（John Ball）所著。在这本书中，作者把从沙莫尼（Chamonix）的小村庄到冰海冰川（Mer de Glace）的登山之行描述成这样一段旅程：“适合最不爱冒险的游客……可以坐在驴背上通行，女士们经常这样出游。”但是，作者鲍尔本人是一个经验丰富的登山者，喜欢挑战艰险。1890年（鲍尔死后一年），这里修建了铁路，随后立刻开始运行，每年将12000人运送到冰川的边缘，这标志着欧洲巨峰的大众旅游时代的开始，鲍尔若是听到这个消息，一定会相当失望。

勃朗峰已经实现现代化——却不失19世纪的魅力——那红色的小火车沿着陡峭的山峰向上驶去，仅需20分钟就可以到达蒙特维镇（Montenvers），从而观赏冰川全景。实际上，在1913米高的海拔处，离有轨电车站非常近的地方就是蒙特维大酒店（相当于历史上的豪华避难所，这里见证了发生在伟大的登山者身上的许多英勇事迹）。在酒店的露天平台上，游客可以尽情享受美味的午餐，欣赏大若拉斯山（Grandes Jorasses）和艾吉耶山（Aiguilles des Drus）上动人而壮丽的景观。但是，和大约20年前所不同的是，为了到达冰海冰川的边缘——并到达举办有趣的冰川学展览的冰穴——游客必须登上有400级台阶的金属楼梯，这常令人感到疲惫不堪。增加这样一段艰难的或者如鲍尔所说的“冒险”旅程是有原因的，这个原因就是全球变暖。自2000年以来，这里已经

P22—23 据估计，到2040年，举世闻名的冰海冰川的高度将比今天低1.2千米，届时一条新的空中索道将会在此建造。

P24—25 一队攀登者正朝着勃朗峰的顶峰攀岩而上。每年乘坐艾吉耶南峰（Aiguille du Midi）空中索道的游客都有750000人，而2015年一队志愿者在冰海冰川收集了3吨垃圾。

相关信息

· 瓦莱达奥斯塔，意大利；
  上萨瓦（Haute Savoie），法国

· 受威胁缘由：气候变化（冰川萎缩）

出现了过去 150 年里最热的年份，勃朗峰和整个阿尔卑斯山山脉的温度平均上升了 1.5°C。自 1850 年冰海冰川的移动远至沙莫尼以来，冰川的高度已经下降了 2 千米，而且预测未来将更加糟糕。

勃朗峰“发烧”了。根据气候学家研究的模型，到 2100 年，勃朗峰山峦冬天平均气温将上升 3—4°C（这将导致降雪减少，对滑雪季节造成严重的负面影响），而夏天最高增温量将达 6—8°C。因此，在 7 月，结冰高度可能会从现在的 3350 米上升到 4083 米。鉴于这种情况，山峦顶峰的一些冰块将成为仅有的冰川遗迹，云杉和落叶松等高山植被将会向上迁移，一些地方性动植物将会灭绝。此外，永冻层融化将会影响边坡的稳定性，近年来，滑坡和雪崩的发生已经愈加频繁，导致遇难人数不断上升，而现在，滑坡和雪崩发生的次数将会增加得更快。

通过比较我们今日所见和 30 年前乃至 10 年前拍的照片，就会发现冰海冰川的萎缩相当明显，但是勃朗峰其他冰川的状况更加糟糕。勃朗峰意大利一侧斜坡上的布伦瓦冰川（Brenva Glacier）就是一个恰当的例子，它位于佩特瑞的艾吉耶布朗什山（Aiguille Blanche de Peuterey）和佩特瑞艾吉耶努瓦尔（Aiguille Noire de Peuterey）之间。勃朗峰以阿尔卑斯山上最高的冰川峡谷而闻名，由于矗立在勃朗峰上的岩石顶峰崩塌，勃朗峰已经分裂成了两部分。事实上，在库马约尔（Coue-mayeur）圣母村圣所（Notre-Dame de Gu é rison sanctuary）的山脚，指向谷底的冰舌变成了暗灰色的古冰川。同样残酷的命运即将发生在另一座冰川上，这座冰川就是米亚杰冰川（Miage Glacier），位于瓦莱达奥斯塔大区（Valle d' Aosta）维尼谷（Val Veny）上游地区，由于岩石残骸层下的冰（在太阳光线下）正以惊人的速度消失，这座冰川被称为意大利阿尔卑斯山上最大的黑色冰川。

导致勃朗峰高度降低的直接原因并不是温度上升，而是风力较强和降雪减少。更确切地说，在 4792 米的海拔上，岩石顶峰上覆盖着的冰盖已经收缩：在 2015 年 7 月最后一次测量时，欧洲最高峰的海拔为 4808 米，比上一次，即仅仅两年之前测量的数据低了 1.5 米。

P26 2003 年，一张标牌标示出冰海冰川的高度。今天，为了从蒙特维镇的火车站到达冰川，游客必须攀爬有 400 级台阶的金属楼梯。

P27 一幅迷人的冰海冰川美景，地点位于勃朗峰北坡。100 年前，冰川移动几乎到达沙莫尼镇。

相关信息

· 威尼托大区（Veneto Region），意大利

· 受威胁缘由：气候变化、人类活动（土地退化、大众旅游）

P28—29 威尼斯之城的鸟瞰图。“S”形的大运河横穿威尼斯城，壮观而又独特。威尼斯给予了许多艺术家和作家以灵感，成为他们创作时大量模仿、引用的对象，世界上任何一座城市都无法与其相提并论。

威尼斯

联合国教科文组织——就此而言，还有整个世界——要求意大利政府采取具体行动拯救这座世界上最迷人的城市，解决这里的洪水、人口减少和大众旅游问题。

2016 年 7 月威尼斯发生了一场游行示威，组织者称这是创纪录的“大型”游行示威。参加者有各种各样的协会成员和成群的公民，他们都心系意大利环境和文化遗产的保护。威尼斯绝大多数住宅的窗户上都挂上了写有“威尼斯的未来是光明的”标语的床单，床单超过 300 张。其后，世界上一千多个地方的人们也都通过互联网展示了大量其他横幅和标语牌的图片，以支持这一行动。

联合国教科文组织发布过一份措辞严厉的文件，其声明道：如果不立即认真采取行动，威尼斯将会被列入《濒危世界遗产名录》。这之后就发生了这场游行示威，要求威尼斯市政当局和意大利政府采取行动来拯救这座世界上最迷人的城市。其中有两个主要问题：一是潟湖和运河里船只交通混乱，二是游客数量过多。据专家称，每年有 3000 万游客来到威尼斯，比这座城市的可持续人口数量多出了 2000 万。事实上，威尼斯正在变成一个博物馆和随处可见的旅馆，让这座城市引以为傲的传统商店被其他提供所谓的威尼斯纪念品的商店所取代，而这些纪念品实际上却产自中国。1950 年，这座城市有 17.5 万居民，而现在的居民人数只有 4.5 万，所有这些居民都与这座城市紧密相连，他们深切地爱着自己的城市，决心找到小规模和大规模的解决方法，以便可以继续在这里生活，同时不顾一切困难复兴威尼斯。

历史证明，威尼斯人意志坚强。公元 5 世纪，威尼斯人在“液态的”领土上建立了自己的城市，比起在地面上永久定居，这片领土更适合航行。然而，几个世纪以来，他们成功地改造了自然以适应自己的需要，建立了这座美丽的城市，即便是最热情洋溢或夸大其词的话也难以描绘它的精美壮观。威尼斯看起来像一弯月亮——大运河的形状就像一个问号，将威尼斯一分为二——由 121 个自然和人工岛屿组成。为了支撑用伊斯特拉半岛的石头筑成的坚实地基，从而支撑教堂和其他建筑物，人们把大量的木制柱子固定到潟湖的黏质砂土里，由此建造成了一个个人工岛屿。至少可以说，所有的人工岛屿都很美丽。这些岛屿以及 435

P30 从高处俯视，人们可以尽情领略圣马可大教堂的东方式圆顶、优美雅致的圣马可钟楼和宏伟壮观的总督宫（Doge' s Palace）。总督宫曾是威尼斯政府所在地。

P30—31 里阿尔托桥（Rialto）是威尼斯最负盛名的地标之一。2016 年，有 3000 万游客来到这座城市，数量远非其所能承受。事实上，地方当局正考虑限制游客参观这一世界珍宝。

座美轮美奂的桥梁都是在 13—18 世纪建成的。当时，这座城市还是威尼斯共和国，是控制欧洲和东方之间进行海上贸易的“女王”。

不只是商业化的大众旅游给这座城市带来了难以克服的负面影响，这座城市的结构同样也造成了严重的问题。在过去的 100 年里，气候变暖引起海平面上升，人类活动导致土壤下陷，尤其是在梅斯特雷 - 马格拉（Mestre-Marghera）工业区附近抽取水源和倾倒有毒废料，在这些原因的共同作用下，威尼斯已经下沉 25 厘米了。

今天，威尼斯的最低点在海平面 1 米以下，如圣马可广场。涨潮现象的发生愈加频繁，导致潮位异常高，现在这已经成为这里的“正常现象”。为了应对这些紧急情况而兴建的实验性电子机械模块工程（MOSE）几乎已经完成，其防洪工程由大型移动门系统组成，该系统于 1988 年在谩骂声和丑闻中建成，共花费 55 亿欧元。虽然这项工程名字的缩写“Mose”（摩西）十分高调，采用了使红海奇迹般退潮的先知的名字，但是，到目前为止，这项工程阻止涨潮的能力还有待验证。

P32 水道和胶鞋随处可见：由于海平面上升和土地逐渐下沉，这座城市洪水的发生愈加频繁。

P32—33 圣马可广场是这座城市的最低点，因此最容易遭受水位高涨的威胁。近些年，这里夏天也会发生潮水高涨——2014 年 7 月共发生 10 次，达最高纪录。

P34—35 佩雅宗主教区建筑群（三座教堂和两座修道院）位于鲁戈瓦河（Rugova River）峡谷入口处这一壮丽的环境里，现在居住着 24 名修女，并受到联合国部队的保护。

P35 佩雅圣徒教堂里 13 世纪的壁画具有明显的拜占庭风格，其显著的特征就是圣徒面部表情丰富。

相关信息

· 普里什蒂纳、佩雅和普里伦兹省，科索沃地区

· 受威胁缘由：武装冲突、环境退化

科索沃中世纪纪念碑

科索沃（Kosovo）中世纪纪念碑是拜占庭－罗马风格的巴尔干艺术佳作，此外，新科索沃共和国的四座教堂和修道院建筑群象征着这里在很久以前（近期）的沧桑和所受的创伤，它警示着人们不要忘记那些伤痛。

1389 年，科索沃战役爆发，塞尔维亚人把这场战役看成是其历史上的重大事件之一。在这场战役中，土耳其军队打败了塞尔维亚人，杀死绝大多数贵族精英。此后，土耳其人在科索沃开始了对巴尔干半岛(Balkans)

地区长达几个世纪的统治。

20 世纪末，在科索沃，由于历史原因而导致的冲突所带来的影响仍然存在，至今科索沃形势仍相当复杂。现在，北约受托的任务是保卫塞尔维亚人的安全，在这些塞尔维亚人居住的村庄散布的地区，90% 的人口都是阿尔巴尼亚穆斯林。

国际特遣队也受到感召去保护塞尔维亚人在中世纪建立的教堂和修

P36 1327—1335 年，国王史蒂芬乌鲁斯三世（Stefan Uroš III）建造了德查尼修道院，其四周被普罗莱蒂耶地区的群山和森林围绕，是科索沃保存最好的塞尔维亚宗教遗址。

P37 威索克·德查尼修道院的壁画被认为是帕里奥洛加斯复兴时期的杰作。这些壁画描绘了《新约圣经》（*New Testament*）里的一千多个人物。

道院，这些建筑被列入联合国教科文组织《世界遗产名录》和《濒危世界遗产名录》，随即成为塞尔维亚东正教的网站标志和巴尔干地区的宗教纪念碑。这些建筑分别是位于普罗莱蒂耶峰（Prokletije Mts）山脚一个峡谷里的威索克·德查尼修道院（Visoki Dečani monastery）、坐落在普里伦兹城镇（Prizren）的黎也维斯圣母大教堂（Our Lady of Ljeviš Cathedral）、位于首都普里什蒂纳（Priština）的格拉查尼察修道院（Gračanica）和佩雅宗主教区（the Patriarchate of Peć）的教堂和修道院建筑群。这些建筑都是在13—14 世纪建成的，标志着科索沃的拜占庭罗马式文化的巅峰。

德查尼修道院是为纪念耶稣而建，修道院里坐落着塞尔维亚国王及圣徒史蒂芬乌鲁斯三世德坎斯克·尼曼雅（Dečanski Nemanjić）的陵墓，陵墓的墙上有上千幅描绘《新约》和《旧约》（其中的一些内容，如“所罗门箴言”，是所有拜占庭艺术所特有的）中的人物和描绘尼曼雅王朝（Nemanji´c Dynasty）丰功伟绩的壁画。在黎也维斯圣母大教堂，为颂扬塞尔维亚君主的丰功伟绩而绘制的壁画也采用了同等丰富多彩的图示法，描绘了一个反复

出现的主题。然而在战争期间，大教堂遭受了最严重的破坏。一些绘有壁画的墙被洒上焦油点燃，还有许多壁画被盗。在格拉查尼察修道院和佩雅宗主教区，也能看到战争留下的痕迹，这两所建筑都因其非凡的设计（后者是由五个圆顶大厦彼此相连组成的建筑群）和高质量的绘画而著名。

塞尔维亚东正教纪念碑修复工作由俄罗斯（Russia）提供资金，但进展缓慢。这些纪念碑也是科索沃主要的艺术宝藏。在这个国家几乎无法维系的旅游业现在才开始得到发展。

P38 格拉查尼察修道院位于塞尔维亚飞地格拉查尼察的中心，距普里伦兹几千米。1984 年，塞尔维亚后裔的美国居民在芝加哥建造了一个完美的复制品。

P38—39 格拉查尼察修道院的教堂是为纪念圣母玛利亚而建，教堂有许多杰出的壁画，讲述了耶稣的生活和耶稣受难记，还颂扬了塞尔维亚中世纪的君主。

罗马尼亚木制教堂

在美丽的乡村风景中，有60座纪念教堂和小教堂，它们都是民间建筑的佳作，一直等待着能再次恢复其在各自社区生活中的中心地位。

中世纪时期，匈牙利王国于公元1000年建立，这个王国只有向东方实行扩张主义这一目标，它公开宣布自己的意图是建立“真正的宗教”，并侵吞自然资源丰富的他国领土。匈牙利王国尤其中意特兰西瓦尼亚（Transybania）这个“林上之地”。但是，匈牙利人仅在13世纪早期成功侵吞过喀尔巴阡山脉（Carpathian Mountains）南部和东部的整个地区，也就是今天罗马尼亚（Romania）的大部分地区。

虽然匈牙利的国王没有强迫新的臣民使用匈牙利语言，但是在宗教自由问题上，他们并没有表现出同等的大度。他们都是虔诚的天主教教徒，因此禁止信仰东正教的罗马尼亚人用石砖建立自己的教堂。达契亚人（Dacians）的后嗣灵活地应对并克服了这种不公正的行为，他们用杉木和橡木来建造自己的宗教场所，这反而使他们取得了伟大的建筑成就，古希腊历史学家希罗多德（Herodotus）因为他们顽强的决心而钦佩他们。达契亚人的后嗣创造出一种建筑风格，赢得了自己的“战争”。随着时间的流逝，这种建筑风格展现出极其新颖的特点，如建造两层屋顶、绘制五边形和七边形设计图，以及采用阳台和出口门廊这一富有想象力的建造方法。

这些教堂是由容易腐烂的木头制成，因此由于恶劣的天气、火灾、战争，或被蛀虫侵食，最早建成的建筑自然已经不复存在。事实上，几乎所有留存下来的教堂都能追溯到18世纪，并且它们在欧洲都是无与伦比的。大约有100座教堂位于特兰西瓦尼亚北部偏远的马拉穆列什地区（Maramureș），该地区毗邻乌克兰（Ukraine）。其中有8座教堂被列入联合国教科文组织《世界遗产名录》，包括苏尔代斯蒂村（Şurdeşti）里的一座教堂，这座教堂被认为是欧洲最高的老式木质建筑（72米）。这8座教堂是这片地区旅游业发展的主要因素，该地区是一片古老的乡村地带，令这里看上去就像是把童话故事转移到现实中一样。

相关信息

· 特兰西瓦尼亚和北奥尔泰尼亚，罗马尼亚

· 受威胁缘由：土地退化

P40—41 这所木制教堂是为了纪念圣帕拉斯基娃（St. Parascheva）而建，位于博蒂兹（Botiza）村庄幽静的丘陵，它是马拉穆列什地区的宗教宝藏之一，已经被列入联合国教科文组织《世界遗产名录》。

然而，南特兰西瓦尼亚（Transylvania）和北奥尔泰尼亚（northern Oltenia）的木制建筑结构却没有相同的好运，这些建筑有些是纪念性建筑，有些是与墓地相连的小教堂，它们的内部墙壁装饰着手绘作品。

在齐奥塞斯库（Ceauşescu）统治时期，虽然盛行无神论的意识形态，这些建筑有幸留存了下来，但是其中很多又成为现今政治势力的牺牲品。乡村地区人口减少，比木材更便宜的建筑材料随处可得。几个世纪以来，那种父子相传式的木雕艺术走向灭亡；在狂热的宗教复兴中，人们更愿意采用混凝土建成的新教堂，而不再愿意使用缺乏电力和暖气设备的民间教

堂——所有这些因素都导致木制教堂只能接受被遗弃的命运。

2014 年，致力于保护欧洲大陆遗产的欧盟文化遗产联盟把罗马尼亚乡村地区的木制教堂列入“七大濒危文化遗址”项目。这项决定备受关注，60 座教堂工程得以立项。这项工程由罗马尼亚遗产基金会出资，并受到罗马尼亚建筑师协会和世界文化遗产基金会的资助，旨在帮助那些木制教堂恢复它们对其各自所在社区的生活所起到的核心作用。现在，由于青年志愿者们热情的动员，这些教堂中大约有 20 所已经恢复其本来的辉煌，包括那些在蒂米什瓦拉（Timişoara）地区的教堂和乌尔西（Urşi）教区的教堂，在极其迷人的田园背景下，它们的钟楼从树丛中浮现出来。

P42 苏尔代斯蒂教堂是欧洲最高的老式木制建筑(76 米),它的钟楼里有一座备受信教者珍惜的小教堂。

P42—43 巡回画家亚历山德鲁·波尼哈尔斯基(Alexandru Ponehalski)被称为马拉穆列什地区的米开朗琪罗。1782 年,其在迪尔(Deal)诸侯的木制教堂内部绘制壁画。这座教堂也是该地区最老的教堂之一。

多瑙河三角洲

多瑙河三角洲（Danube River Delta）是“无尽之水”，又称“河中之王”，它的面积辽阔宽广，水道错综复杂，是欧洲最后的荒野。但是，它也是欧洲大陆居民生活的活动“中心”。

你需要乘坐独木舟——若能搭乘渔夫的船则更好——从最佳的角度去发现多瑙河三角洲的风景。在这里，你会发现大片的芦苇茂密繁盛，这里繁衍着卷羽鹈鹕和鸬鹚等非常罕见的鸟类，流水在其中蜿蜒奔流，形成错综复杂的水路。偶尔，你的视线会扫过 300 多条湖泊中的一条 ，这些浅水湖泊为来自亚洲、非洲、北欧和地中海地区的 300 多种候鸟提供食物来源。你的视线还会停留在这片平原湿地森林上，就好像这里有一股魔力使你久久地注视；你的视线亦会停留在芦苇小屋上，修建这些小屋的罗马尼亚人就像乌克兰人一样，依赖这个庞大的水域系统维持生计。

多瑙河三角洲靠近黑海的西海岸，面积约 4300 平方千米，然而在这个三角洲里四处走动并非易事，要抵达这里更不容易。多瑙河河口在罗马尼亚的图尔恰镇（Tulcea），尽管人们努力在这片地区开发生态旅游，但是这里只有一个国际级旅游胜地以及一些破旧的旅馆，这不免让人想起这个国家曾在铁幕的另一边，因此探索东欧近代历史的旅行就是一场冒险。

从地质学的角度来说，多瑙河三角洲在欧洲是最年轻的地方，也是欧洲最大、最荒凉的自然天堂之一，它受到联合国教科文组织和《湿地公约》的保护，旨在保护湿地和维护湿地的可持续性。总之，这是一片最后的荒野，但是这个定义听上去可能会自相矛盾，因为多瑙河受到 19 个国家 8000 万人的人类活动的影响，在这 19 个国家中，多瑙河流经 8 个国家，其他 11 个国家地处多瑙河流域。现在三角洲的水道和湖泊中营养元素过剩导致了水中含氧量改变，从而威胁着生态系统的完整性。农业中使用的化肥和未经处理的有机物质倒入水中，造成了水的营养元素过剩。此外，轮船沿多瑙河行驶（其中可以航行的路程有 2411 千米，占总长度的 87%）时的废物处理，以及外来动植物入侵，都直接或间接地导致该地的一些候鸟、鱼类等物种濒临灭绝，其中包括多瑙哲罗鱼和该

相关信息

- 图尔恰县，罗马尼亚
  敖德萨省，乌克兰
- 受威胁缘由：人类活动（工业污染、水体渠化）

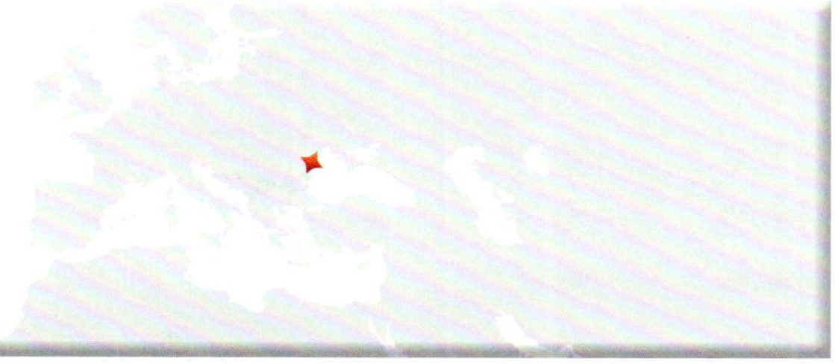

P44—45 黎明时分，莱泰亚森林(Letea forest)被雾气笼罩。早在1938年，这片森林就成为受保护的地区，是多瑙河三角洲生物圈保护区建立的发端。

P46—47 多瑙河三角洲最高地区之一的全景鸟瞰图。从地质学角度来说，这个三角洲是欧洲最年轻的地区，也是欧洲最大的自然天堂之一。

P47 在壮丽的三角洲液态景观里，树根都生长在水下。许多树木都有长达500年的历史，包括橡树、榆树和黑杨树。

地区的 6 种鲟鱼。

另一个严重的威胁是水的形态发生变化，这主要由两个原因所致：一是洪水带来的沉积物所致（由于气候变暖和森林砍伐，洪水发生愈加频繁）；二是人类活动所致，人类建造大坝和运河，导致河道发生改变。为了使贝斯特罗埃航道（Bystroe Channel）可供大船航行而正在进行的工作更加令人惊恐：由于这个航道完全地处乌克兰境内的三角洲，在乌克兰，人们可以直接到达黑海，这使得复兴伊兹梅尔（Izmail）港口成为可能，于是乌克兰政府高调宣布，要将这个港口变成“东方进入欧洲的入口”。贝斯特罗埃航道问题是乌克兰与罗马尼亚之间激烈争论的主题，欧盟和其他国际组织也对乌克兰发出严重警告，以制止这一行动，避免给脆弱的三角洲环境造成破坏。

P48—49 一只池蛙（莱桑池蛙）的特写镜头。多瑙河三角洲是18种两栖动物、88种软体动物、75种蜻蜓和82种鱼类的家园，由于污染和外来物种入侵，这些动物都濒临灭绝。

P49 白翅黄池鹭（Ardeola ralloides）在三角洲十分普遍。三角洲是一些稀有鸟类的营巢栖息之地，如卷羽鹈鹕和鸬鹚。

P50—51&P51 圣乔治教堂结合拜占庭和哥特式风格，建筑优雅，是希腊东正教社区的大教堂，直到1571年奥斯曼土耳其人的大炮使之沦落成现在的模样。

相关信息

· 北塞浦路斯（North Cyprus），土耳其地区

· 受威胁缘由：政治纷扰致其遭到破坏和退化

法玛古斯塔古迹

法玛古斯塔（Famagusta）曾经是一座热闹的港口。今天，这座城市满是破败而又迷人的宏大建筑，塞浦路斯（Cyprus）岛上主要居住着希腊人和土耳其人，他们之间的关系决定着这些建筑的未来。

根据研究莎士比亚（Shakespeare）的学者所说，吟游诗人莎士比亚把其充满激情和嫉妒的悲剧作品《奥赛罗》（*Othello*）的部分背景设在塞浦路斯（更确切地说，是法玛古斯塔，这一点可以想象），目的是采用这个能引起回忆的异国背景来吸引观众的注意。对伊丽莎白时代的观众而言，一方面，

地中海东部有很多故事超出他们的想象力，另一方面，从地理位置来看，地中海东部又离他们很近，这是因为水手们会讲述在塞浦路斯港口停留的船只上发生的关于巨额财富的故事，这些往返于东方和威尼斯之间的船只会在这个港口稍作停留。

如果说给法玛古斯塔增添文学威望是莎士比亚的功劳——在莎士比亚时代，这座城市建立了壮观的防守墙——那么说这座希腊人在公元前 3 世纪建立的港口城市在中世纪充满神秘气息也同样正确。在十字军东征期间，这座城市居住了大量的基督教徒，因此成为基督教的大本营，许多教堂在这里建

成，其中最令人惊叹的是圣尼古拉斯大教堂（St. Nicholas’ Cathedral），这座教堂以兰斯（Reims）的大教堂为模型，完全属于哥特式风格，它的建筑可以追溯到1298—1312年。这座教堂之所以重要，是因为它是耶路撒冷鲁西格南国王(Lusignan kings）的加冕所在地。

几个世纪以来，法玛古斯塔和所有塞浦路斯地区多次易主，其曾被法国人、热那亚人（热那亚人在法玛古斯塔几乎没有留下存在过的证据，这令人感到惊奇）和威尼斯人统治过，其中威尼斯人在英勇抵抗使欧洲所有统治者都为之焦虑的长期围攻后，于1571年向土耳其人投降。虽然这个新土耳其统治者把一些教堂转变成清真寺——把大教堂用来纪念拉拉穆斯塔法·帕夏（Lala Mustafa Pasha），把大教堂的祭坛变成米哈拉布（mihrab，亦译为“壁龛”），但也为这座宏伟的建筑增添了一丝异域魅力。而几乎同样壮观的圣彼得教堂和圣保罗教堂则以思南·帕夏（Sinan Pasha）命名，教堂中珍贵的壁画被涂上了灰泥——其他教堂则陷入被抛弃的命运。威尼斯统治者的宫殿和主教宫殿的命运也是如此，只剩下宏伟壮观的外观。当法玛古斯塔被英国人占领时——那个时候，从战略角度来看，这座城市已经不再重要。与此同时，这里还发生了洪水和地震——这座城市已经成为废墟。在近代，由于城市的发展和北塞浦路斯在政治上采取孤立态度，这座具有伟大历史和建筑价值的城市综合体的状况不断恶化，且程度越来越严重。因此，世界文化遗产基金会发起一个活动，通过恢复圣彼得教堂和圣保罗教堂的壁画碎片、加固有倒塌风险的建筑结构，来挽救这座城市的珍宝，并以此发出警告：只有这里不再纷争，这座古老的城市才能继续存在。

P52 这是圣尼古拉斯天主教大教堂的宏伟外观。圣尼古拉斯天主教大教堂是法玛古斯塔最壮观的中世纪建筑，其16世纪后成为拉拉穆斯塔法·帕夏清真寺。

P53 法玛古斯塔的大量城堡是威尼斯人在15世纪所建，这些城堡使当地居民得以在1571年8月被迫投降之前抵抗了长达11个月的围攻。

盖达米斯

盖达米斯曾是一座城市博物馆，有着丰富的柏柏尔族（Berber）和图阿雷格族（Tuareg）传统，被誉为“沙漠之珠”，每年约有25000名游客前来参观，但现在却成为城市退化和暴力活动的牺牲品，变成了一片魔鬼绿洲。

10月下旬，在数月令人窒息的夏热之后，盖达米斯节和收获季节同时开始，这标志着利比亚沙漠旅游季的开始。这段时间，越野车在的黎波里（Tripoli）和绿洲之间约600千米的小道上成排行驶，那里被利比亚人认为是沙漠中的明珠——小道笔直如箭，穿过沙石，直至撒哈拉沙漠的第一个沙丘——它宛若一条典型的欧洲繁忙街道。

为了庆祝这个节日，当地居民——20世纪80年代，受卡扎菲上校（Colonel Gaddafi）之命，他们全体搬到附近一个毫无特色的城市地区——回到这座城市，再次住进老房子和棕榈林，他们带着一丝怀旧情结，在棕榈林搭建看台，表演经典的舞蹈，举行传统的仪式，从柏柏尔族婚礼到割礼盛宴，不一而足，游客因此大为高兴。黄昏时分，盖达米斯周围的沙漠变成一个同样喜庆的图阿雷格营地，以纪念“蓝人”从遥远的廷巴克图（Timbuktu）和尼日尔河（Niger River）来到这里的时光。在旅途中，他们的旅行队带着盐，用来交易黄金、织物、动物毛皮和鸵鸟羽毛。

公元前4000年的考古发现证实盖达米斯值得被称为撒哈拉沙漠最古老的定居点之一，然而第一份书面文件只能追溯到罗马时代。当时，地方总督卢修斯·科尔内留斯·巴尔布斯（Lucius Cornelius Balbus）的军队占领了这个地区，在这里派了一队士兵驻防。罗马帝国灭亡后，是短暂的拜占庭统治时期，其后，这个城镇被阿拉伯人占领，成为一个重要的商队中心，它是柏柏尔族和图阿雷格族的“十字路口”。事实上，直到最

P55 古盖达米斯全景鸟瞰图，展现了其特殊的蜂房结构。几个世纪以来，这片绿洲居住着7个不同的柏柏尔族和图阿雷格族部落，但是现在这里却成为派系暴力的伤心地。

相关信息

· 纳卢特区（District of Nalut），的黎波里塔尼亚，利比亚

· 受威胁缘由：武装冲突、环境退化

近几年，盖达米斯还一直扮演着这个角色。如果说地中海是进入利比亚的主要门户，那么盖达米斯就是利比亚的“后门”，它的地位同样重要，这表明这座城镇对这里的游牧文化具有重要意义。事实上，在这座迷人的城市里，沿着城墙共有 7 个通道。这座城市的建筑在整个撒哈拉沙漠北部的半沙漠地带（即与沙漠相接的摩洛哥、阿尔及利亚、突尼斯、利比亚地区）都十分独特，小巷、拱门和有顶的过道错综复杂地布置，新颖独特的运河网把水输运送到花园、清真寺和家宅，这会使人想起蜂窝。这里的房屋通常有两层，“阳台平屋顶”一家连着一家，形成“另一个盖达米斯”——一个只为妇女所用的天地；房屋外部每年都会用石灰粉刷，内部因红赭相间的装饰风格和五颜六色的地毯而富有生气。

虽然盖达米斯变成了一座有着丰富的柏柏尔族和图阿雷格族传统的城市博物馆，但它仍是利比亚主要的旅游景点之一，每年都有约 25000 名游客前来参观。这座城市相对容易到达，它真实地展现了一幅沙漠生活的浪漫图景，

P56 这座绿洲之城的白色城墙上有 7 个通道，城墙直面浩瀚无垠的沙漠。这里无疑是有着整个撒哈拉地区最精美建筑的城市综合体。

P56—57 盖达米斯的房屋显示了环境恶化的迹象。每座房子都带有“阳台屋顶”，这里曾是妇女的领地。大多数房屋通过有顶的通道相连。

令人感到欣慰。这座城市曾是索菲娅·罗兰（Sophia Loren）和约翰·韦恩（John Wayne）主演的电影《宝城艳姬》（*Legend of the Lost*）的拍摄地（他们在拍摄期间居住的旅馆已经成为影迷朝圣的目的地）。

2011年，盖达米斯地区发生了血腥的战争，绿洲从此面目全非。各个部落为了控制这片不受法律控制的土地不断发生冲突，盖达米斯成为派系暴力的牺牲品。

P58 左图 晒干的黏土建成的墙和沙漠形成一色，绿洲中错综复杂的小巷形成了一道超自然的城市风景。

P58 右图 众多有顶通道中的一个，这种通道遮挡了撒哈拉炙热的太阳。特别需要指出的是，右下方的洞曾用来监测供水水位。

P59 在这幅照片中，晒干的黏土拱门里“嵌着”7世纪时提斯库柏柏尔族部落所建的阿提克清真寺（the Al Atiq Mosque）的尖塔，在尖塔上可以俯瞰古代露天广场。

P60—61 在这幅鸟瞰图中，人们可以充分欣赏这条壮观的布满廊柱的道路，它连接了莱波蒂斯市和其港口，这是“罗马非洲”（Roman Africa）最重要的一条道路。

P61 莱波蒂斯石凿圆形剧场于 20 世纪 20 年代被一个意大利考古代表团发现，剧场拥有 15000 个座位。

相关信息

· 的黎波里塔尼亚，利比亚

· 受威胁缘由：战争、土地退化、人为损毁

莱波蒂斯

莱波蒂斯（Leptis Magna）曾是腓尼基人建立的商业中心，后来这里成为罗马帝国第二个最壮观的城市。现在这个壮观的考古遗址在利比亚已经成为古代艺术窃贼的超级市场。

莱波蒂斯宏伟壮观，甚至有点奢华，换句话说就是“大”（Magna）。公元193年，登上罗马帝国王位的非洲人塞普蒂米厄斯·塞维洛（Septimius Severus）给他的出生地莱波蒂斯加上了“Magna”这个词。事实上，在那个时候，提尔（Tyre）腓尼基人建立的这个商业中心（被地中海另一侧的历史性竞争对手占领）已经成为一座拥有8万人口的宏伟城市，它是带着商品穿过沙漠的商队的贸易中心，也是的黎波里塔尼

亚（Tripolitania）最重要的港口。但是，塞普蒂米厄斯·塞维洛想要它成为一座更富丽堂皇的城市，因此，他实施了一项雄心勃勃的建筑计划，倾尽所能使莱波蒂斯成为仅次于罗马的第二大城市。他用从世界各个角落海运过来的优质石材——帕沃纳切托大理石、云母大理石、角砾岩和花岗岩——来对当时在当地建筑中盛行的白色石灰石增添色彩并加以美

P62—63 这幅全景图包含了塞普蒂米厄斯·塞维洛帝王在莱波蒂斯修建的一些雄伟壮观的建筑，例如剧院、市场、集会广场和邻近的廊柱结构会堂，以及奢华的公共浴场。

P63 现在，受毫无道德的收藏家委托，这个考古遗址里壮丽宏伟的雕塑已经被盗，而抢劫行为的报酬常常以武器来支付，这些武器又会被用于在利比亚的各种杀戮。

化。在城市的入口，塞维洛大帝建造了一座凯旋拱门，周围有 4 座饰有浅色浮雕的石柱喷泉。塞维洛继续扩建港口，使它通过一条柱廊装饰的壮观街道与城市相连，街道尽头是一个广场，广场上有一座水神殿和一个饰有巨大的美杜莎头像的集会广场。但是，他所建的建筑中最精美绝伦的是廊柱会堂 [由他的儿子卡拉卡拉大帝（Caracalla）建成]，高 30 米。这座建筑宏伟壮观，因而可能激起了莱波蒂斯的富商家族以及接任赛维洛的

P64—65 这是带顶市场的废墟，这里曾是这座繁华城市中商人们进行交易的地方。这里的居民不是罗马人，而是罗马化的北非人，这些人懂拉丁语，但是他们用古迦太基语交流。

P65 今天，莱波蒂斯的珍宝已经所剩无几。事实上，联合国教科文组织已经把这座城市和利比亚的其他遗址一同列入《濒危世界遗产名录》。下面这幅图是受塞普蒂米厄斯·塞维洛委托而建的宏伟壮观的廊柱会堂。

帝王之间的某种竞争，这些人相互竞争，委托他人建造更壮观的建筑作品，由此创建了许多被称为“城市明珠”的剧院、用泥土和石块建成的极其新颖的圆形剧场，以及饰有精美镶嵌图案和雕塑的浴场和别墅，令人赏心悦目。

公元 250 年，赛维洛王朝结束，莱波蒂斯开始走向衰败，115 年后，它在一场毁灭性的地震中走向灭亡，当时正值戴克里先皇帝（Diocletian）统治时期，他对复兴这座城市盛极一时的海上交通还存有一丝希望。当时，或许是预见了这座城市的未来将是一片灾难，皇帝的一位司库把 10 万硬币埋到城市的西边，即现在米苏拉塔（Misurata）所在地。1981 年，考古学家发现了这个藏宝地，这是与古物有关的最轰动世人的钱币发现。

其中一些硬币在莱波蒂斯遗址附近的考古博物馆展出——与雕塑、镶嵌图案的文物碎片和陪葬品并排陈列。然而这些展品在博物馆也待得并不安稳，偷窃行为屡屡发生。今天，利比亚陷入一片混乱，成为极不稳定的新政府和众多竞争派系之间暴力斗争的牺牲品，这种情形更为骇人。莱波蒂斯也因此成为从事古物交易的违法商人和毫无道德的私人收藏家的乐园。现在，莱波蒂斯遗址成为窃贼受委托偷窃高超雕塑作品的目标，也是那些公然破坏公物的人恶意毁坏他们所认为的敌对文明象征的地方。

吉萨金字塔

不断扩大的大都市开罗（Cairo）正在侵袭仅存的古代世界奇观，它与古埃及最壮观的金字塔共处一地的现状至少可以说是困难重重。

神秘的狮身人面像和胡夫金字塔（Khufu）是古埃及最负盛名、最令人回味的世界奇观，数百万张明信片和旅游海报都记录着它们的身影。但这并非真实的景致记录，换句话说，这些图像背景里的风景并不真实。为了再现地平线上一望无垠、寸草不生的沙漠，我们必须采用最先进的照片修整技术，因为让人感到矛盾的是，吉萨（Giza）现在已经成为一个“挤满了人的沙漠”遗址。

吉萨平原上坐落着埃及一个最重要的墓地——其拥有胡夫金字塔、哈夫拉金字塔（Khafre）和米凯里诺斯金字塔（Mykerinos），这些都是最宏伟壮观的金字塔，建于古埃及法老时代，狮身人面像俯视着这些金字塔和几十个小坟墓——此外，吉萨平原被与其同名的城市占领，这座城市是埃及第三大城市，有近400万人口。事实上，这座城市不断地扩大，现在已经成为开罗的郊区，两座城市形成了世界上第二大城市扩张体——无论是在面积还是在人口方面——仅次于东京的横滨。

在北非这座现代大都市里，工业和高度拥挤的交通排放出大量的污染物，持续增长的人口每天产生成吨的垃圾，公共服务设施完全处于缺乏状态——世界各地的人们对于这里城市的发展能否与壮观的古埃及法老坟墓和谐共存，表达了他们的忧虑。几千年来，这些非同凡响的建筑与古埃及首都孟菲斯（Memphis）息息相关，一层厚厚的沙土保护着它们免受时间的摧残。但是在今天，它们就同开罗的卫星郊区没什么区别，它们正在被逐渐暴露于现代化的城镇中，它们变

P67 这幅鸟瞰图清楚地展示了吉萨金字塔正受到不加约束的城市发展的威胁。吉萨约有400万人口，是开罗众多的郊区之一。

相关信息

· 吉萨省，埃及

· 受威胁缘由：人口过多和城市化、污染

得越来越脆弱，四周都是匆匆建成的建筑，还“饰”有抛物面天线，风景谈不上一丝优美。

受大气和污染共同的影响，建筑的腐蚀程度更加严重，那三座金字塔的某些地方也都被深色的铜绿所覆盖。这些“污迹”在被认为是法老肖像的狮身人面像上尤为明显。

最近研究判定，这些建筑珍宝本来涂有白色的灰泥，它们应得到人们更多的尊重。胡夫金字塔是世界七大奇迹中唯一的幸存者，其高约 140 米，由 230 万块石砖筑成，其中每块石砖约 2 吨重，是近 4000 年来人类所建的最早、最大的建筑。在受拿破仑委托在埃及进行的考古活动期间，正是吉萨最为壮观的石棺激发了欧洲人探索古埃及法老文明遗迹的强烈欲望。总之，吉萨使埃及古物学得以诞生：在金字塔里有许多特别的发现，如石棺和珍贵的陪葬物，同时，考古学家还认为金字塔里还隐藏着更多的秘密等待他们去揭示。

从现在来看，虽然目前的政治形势和恐怖主义引起的恐慌导致埃及旅游业急剧下滑，但是这也产生了积极的影响，它减少了大众旅游给考古遗址带来的压力，这个遗址现在因此成为半沙漠地区。埃及政府应该利用游客稀少这个机会，开展大规模的清理和修复这些建筑的行动。

P68—69 大金字塔的东南方坐落着世界上最大的纪念雕像——狮身人面像。其创作背后的动机仍然是埃及古物中最吸引人的奥秘之一。狮身人面像的左边是哈夫拉金字塔。

廷巴克图

廷巴克图是所有旅游狂热爱好者向往的目的地，是撒哈拉沙漠和“黑非洲”(Black Africa)有名的交汇处，但是现在它正受到宗教的矛盾和冲突，以致长期战乱的威胁。

“在世界地图结束的地方，廷巴克图地图展开了。显然，为了到达那里，你必须穿过一片广袤而炎热的沙地王国——一个寸草不生的王国……一旦你到了那里……你不再需要担心吃饭和睡觉……你已经与自然合为一体……”这是保罗·奥斯特（Paul Auster）——当代纽约偶像级作家和城

市象征之一——所著的小说《在地图结束的地方》（*Timbuktu*）里的主人公在想象一场永远也不会实现的旅行时所说的话。有人会想，为什么一位习惯写“大苹果”纽约的人文地理甚至人的心理变化的作者会转变写作风格，开始写对一片遥远土地的向往。答案很简单，就像每一位旅游狂热爱好者所知道的：廷巴克图是一个神秘而非自然的地方，是一片精神的绿洲。

其实，自从 11 世纪图阿格雷族建立起这座城市，它就已经成为“白人”和“黑人”——阿拉伯人和非洲黑人——的交汇处。今天，廷巴克图约有 1 万人口，这里的一切都由泥沙建成，包括房屋、清真寺、街道以及

P70 津加里贝尔清真寺（Djinguereber mosque）完全由晒干的黏土建成。地理学家伊本·哈勒敦（Ibn Khaldun）称，1327 年，曼萨·穆萨帝王给了建筑师阿尔·萨和里（Al Saheli） 200 千克黄金来修建这座清真寺。

P70—71 这是桑科尔清真寺（Sankoré mosque）的内部。其伊斯兰学校是阿拉伯世界重要的学术中心，共有 25000 名学生，图书馆约有 70 万本手稿。

相关信息

· 廷巴克图地区，马里

· 受威胁缘由：环境退化、战争

图阿格雷人用来烤面包的圆锥形烤箱。这个有名的沙漠通道距离尼日尔河河道很近，它是各个不同商队路线的汇合处。在这里，人们把盐从陶代尼（Taoudenni）运输到北方，把黄金从布雷（Boure）和班布克（Banbuk）矿区运输到南方，并从各个方向运来奴隶、传播思想。16 世纪，这座城市迎来了黄金时代，成为马里王国（Malian kingdom）的中心。王国的建立者曼萨·穆萨（Mansa Musa）是一位极其富有的国王，其名声的传播远至欧洲法庭。他是个虔诚的伊斯兰教信徒，曾组建一支由 6 万人以及 6 万匹骆驼和单峰驼组成的商队，运输 12 吨黄金穿过撒哈拉沙漠赴麦加（Mecca）朝圣，这成为非洲大陆历史上盛大的事件之一。曼萨·穆

萨还是一位宽容、开明的统治者，他推动伊斯兰教宗教学术的传播，欢迎人文学家和科学家来到他在廷巴克图建造的宫廷。他还建立了一所大学，使伊斯兰教等教派都能够公开表达各自的信仰。

这所大学不复存在已有 400 多年，但是直到 2012 年廷巴克图还拥有 70 万份无价的手稿，这些手稿涉及伊斯兰教所有的学术领域——包括在收复失地运动之后从安达卢西亚（Andalusia）带过来的阿维森纳(Avicenna）的医学论文和一本珍贵的《古兰经》。今天，在经过几个

世纪的和平和商贸活动之后，廷巴克图地区正受到宗教矛盾等方面的威胁。鉴于这样的现状和局势环境，即使是那些旅游狂热者也失去了一个梦想目的地。

P72 直到最近，廷巴克图还有许多古兰经学校。

P72—73 多亏一位英勇的图书馆管理员，廷巴克图许多珍贵的手稿才得以从战争中被挽救出来。

塞米恩山脉

在埃塞俄比亚的第一个保护区，瓦利亚野山羊、稀世珍奇的狼和狮尾狒狒（又称“心在流血的猴子”）正与牧羊人和农民展开激烈的竞争。

瓦利亚野山羊有一层厚厚的黄褐色皮毛，体型强壮，它的角呈弯曲状，长度超过 1 米，被用作颁给埃塞俄比亚士兵们的奖杯。瓦利亚野山羊属于地方物种，在古北界动物群第一次入侵热带地区时来到这里。瓦利亚野山羊是埃塞俄比亚高原上的人们代代相传的一些传奇的主角，它们也被认为是这个国家的象征。然而虽然它们被奉为神圣的物种，却只有 150 只存活了下来。人类迫使这些山羊在塞米恩山脉（The Simien Mountains）最难到达的沟壑中避难，这个地区由于其特殊的地形结构而被称为“非洲大峡谷”。

50 多年前，瓦利亚野山羊被列入世界自然保护联盟濒危物种《红皮书》。为了拯救这个物种，埃塞俄比亚于 1969 年在塞米恩山脉建立了第一个国家公园，占地 22000 公顷。但是这一保护只是在理论层面，因为这个拥有极其丰富的生物多样性的国家属于那些在推动保护区的保护和管理上投资最少的国家之一。此外，在埃塞俄比亚，有 85% 的人口生活在乡村地区，其中有 80% 的人口生活在高原（这个地区的第一批居民是犹

P74 津巴瀑布（Jinbar Falls）的水从一个完美直立的玄武岩岩面落到一个深深的峡谷里，落差约为400米，形成了壮观的奇景，令人叹为观止。

P74—75 塞米恩山脉——海拔超过4000米——坐落于埃塞俄比亚北部，构成了一道以自然和当地传统的农耕方式塑造而成的壮观奇景。

相关信息

· 贡德尔地区（Gondar Region），埃塞俄比亚

· 受威胁缘由：气候变化、人类活动（人口过剩，为发展农业和畜牧业开采土地）

太社区的成员，他们 2000 年前来到这里），他们的生活完全依赖自然资源。据估计，诸如农耕和畜牧业这些人类活动已经导致原始植被损失了 97%，这一事态每年都随着气候变化导致的干旱和严重侵蚀的增加而恶化。

塞米恩看上去好像一片自然原始的地区，它的最高点是拉斯大山（Ras Dashan，位于海拔 4549 米处，是埃塞俄比亚的最高峰），以 1500 米深的峡谷和 1500 米高的陡峭悬崖和时不时出现像是史前的巨型半边莲的草原为特征。但是这个保护区内至少有 500 个村庄，而这一数量注定还会增加，同时还有 30 万头牲畜，尤其是山羊和绵羊，这一数量比山区可维持生存的牲畜数量的 3 倍还多。然而，瓦利亚野山羊数量的减少还由于其与阿比西尼亚山羊杂交所致，这和世界上最罕见的犬类埃塞俄比亚狼（衣索比亚狼）与牧羊犬杂交的命运相同。

这里还有一个珍稀物种曾经广泛生息于非洲大陆，但现在只存在于塞米恩山脉。它必须与人类作斗争，并设法顽强抵抗。这个物种就是狮尾狒狒，由于成年雄性狒狒的胸膛上有用来吸引雌性的红色，其也被称为“心在流血的猴子”。尽管这种狒狒拥有如狮子般厚厚的鬃毛，它却远没有它的“兄弟”那般好斗，是唯一一种只以草为食的猴类，

也是动手能力仅次于人类的灵长目动物。大部分时间它都坐着，一边采摘，一边以每分钟 150 片叶片的速度把草放到嘴里，而在晚上，它会爬到捕食者最难到达的岩石上。很容易想象，狮尾狒狒就像一场灾害一样猛烈袭击麦田和高粱地，因此它们遭受着高原贫困农民残酷的猎捕。

P76 虽然狮尾狒狒如狮子般的鬃毛看上去可能令人恐惧，但是它们非常平静。据估计，这个塞米恩高原特有的物种数量在 3000 只左右。

P76—77 狮尾狒狒是唯一一个以草为食的猴科物种。它们白天大多数时候都坐着用灵活的“手”采食草，每分钟吃 150 片草叶。

图尔卡纳湖

图尔卡纳湖（Lake Turkana）的海岸出产“能人”的化石。但是今天，在这个人类的摇篮里，某些偏远的部落和许多动物见证着他们自己的世界的灭亡。

在马塞族语中，“埃勒莫洛”（El Molo）的意思是“贫穷的渔民”。这是 20 世纪 70 年代出了名的世界上最小部落的名字，这个部落的家园位于图尔卡纳湖的北岸。据说那个时候这个部落正濒临灭绝，甚至有人认为部落成员的臂膀和腿上的那些平滑的红色毛发实际上是以色列神秘丢失的部落之一的证明。然而，意大利人类学家和作家阿尔贝托·萨尔扎（Alberto Salza）研究这些人已经有 40 年左右，他声称他们不能构成一个部落，而只能相当于朗迪耶部落（Rendille）的一个剩余团体，在一个饥荒和战争频发的时期，他们在图尔卡纳湖区仍然保持

孤立，因此不得不适应甚至改变他们的文化和经济。萨尔扎也否认埃勒莫洛濒临灭绝。当他第一次研究埃勒莫洛部落时，该部落只有 92 人，他们把湖草纤维当作衣服穿，只吃鱼。通过研究埃勒莫洛亲属间的遗传结构，他确定他们只与其部落中的人结婚。在 20 世纪 80 年代的某个时间，人类学家注意到他们已经设计出一个革命性的生存策略，包括通婚和养育山羊和绵羊。

P78 纳比雅图姆（Nabiyatum）是一座喷发过的火山，其完美的圆形火山口位于壮观而又荒凉的图尔卡纳湖南端，可以说是地质上的一个奇迹。

P78—79 黑色火山岩石从世界上最大的沙漠湖表面显露出来。由于矿物质和特别的藻类存在，水的颜色呈现出不可思议的绿色。

相关信息

· 东非大裂谷，肯尼亚和埃塞俄比亚

· 受威胁缘由：气候变化（干旱）、人类活动（建造大坝）

其结果使得部落的人口数量增加到了 500 人左右。尽管他们现在也吃猪肉，但他们仍然固执地认为自己是渔民。

除了埃勒莫洛部落，图尔卡纳湖区也居住着一些牧羊人，包括他们的“兄弟”朗迪耶部落以及桑布鲁部落（Samburu）、图尔卡纳部落、加布拉部落（Gabbra）和波拉纳部落（Borana）。那些探险和专为拍摄而不惜长途跋涉前来的人简直无法相信，在这种酷日炎炎且从不下雨的环境下，这些人是如何生存下来的。即使暴风雨的积云就盘旋在库拉尔山（Mt. Kula）附近，雨滴也会在滴落到湖面之前被蒸发掉——这种现象称为“幻雨”。

到目前为止所发现的唯一的“能人”化石是在图尔卡纳湖的海岸上被发掘的。但是东非最大的碱性湖泊（也是世界上最大的沙漠湖，表面积约 6000 平方千米）周围的风景与其说使人想起人类的摇篮，不如说使人想起世界的尽头。

图尔卡纳湖因 1200 万年前发生的裂变现象而形成，其地表到处都是黑色的火山。这些黑色的火山从一片由火山熔岩、火山灰和火山碎屑组成的平原中显露出来，在不到一个世纪之前，它们还是活火山。一些细长的棕榈树和偶尔出现的荆棘丛是这里仅有的植被，其中荆棘丛中经常藏有毒蛇。

这个壮观的湖由于其色彩瑰丽，故又叫“碧玉湖”，

P80 埃塞俄比亚图尔吉特（Tulgit）附近的奥莫河谷景色。据估计，短时间内奥莫河上的“吉布 3”水电站——于 2015 年竣工——会使流入湖中的水量减少 70%。

P80—81 一群火烈鸟在图尔卡纳湖上空翱翔。这种华丽的鸟数量估计有 200 万只。

它看上去就像是一座海市蜃楼。湖里面生活着大量的生物，例如，现存最大的尼罗河鳄鱼种群，数量约有 3 万只。在当地，鳄鱼肉只有在节日中才能食用。为获得美味的鳄鱼肉，埃勒莫洛部落族人在青少年时期就已经学会了狩猎鳄鱼。这些年轻人狩猎鳄鱼时，通常手拿一杆简单的矛，站在用海藻纤维绳索捆绑的埃及姜果棕木制成的筏子上，这种筏子相当不稳当。鳄鱼以尼罗河鲈鱼和 40 多种该湖区的鱼类为食。尼罗河鲈鱼是另一个尼罗河物种，有着“史前巨型动物”的体积。此外，这里还有由成千上万只火烈鸟组成的壮观群落，它们以存在于藻类之间成群浮游的蓝绿色微生物为食。

在过去 20 年里，由于气候变化导致了严重的干旱，图尔卡纳湖的水位下降了 8 米，物种生活的栖息地和部落生计的来源因此减少。此外，自从 2015 年“吉布 3”水电站——非洲大陆最大的水电站建成，由于 18 亿美元的财政支持，其得以建在埃塞俄比亚的奥莫河（Omo River）上——偏远的图尔卡纳部落便开始面临一场灾难。事实上，科学家估计在短时间内，大坝会使流入湖中的水量减少 70%，从而进一步降低湖的水位，导致其生态系统毁灭。

P82 埃勒莫洛部落居住的村庄。20 世纪 70 年代，杰出的人类学家确定这个群落赢得了“世界上最小的部落”这个称号。

P82—83 埃勒莫洛部落曾经只靠捕鱼为生，但是后来他们详细制定了一个生存战略，即与其他图尔卡纳部落通婚和发展畜牧业。

相关信息

· 乞力马扎罗地区，坦桑尼亚

· 受威胁缘由：气候变化、人类活动（大众旅游）

P84—85 这是乞力马扎罗山壮观平坦的峰顶风景。这座休眠火山是非洲的最高峰，距离赤道只有 300 千米。

乞力马扎罗山

专家警告，在几十年内，非洲标志性的最高峰将不再是白色。即便如此，每年约有 25000 名登山者在攀登这座山时仍不尊重这里的环境。

在非洲使用最广泛的斯瓦希里语（Swahili）中，“乞力马扎罗”（Kilimanjaro）这个名字的意思是“闪耀的山”，而马塞人称它是白色山脉或“白山”。乞力马扎罗山（Mt. Kilimanjaro）是欧内斯特·海明威（Ernest Hemingway）的短篇小说《乞力马扎罗的雪》中的重要元素，对海明威来说，这座山“像整个世界一样辽阔，雄伟高耸，在阳光下白得令人难以置信”。所有这些定义都表明乞力马扎罗山是一座“完美的山”，它就像一座海市蜃楼一样，从周边海拔 900 米平坦无垠的稀树草原上升到约 5895 米高的乌呼鲁峰（Uhuru），其中乌呼鲁峰是地质学家所界定的一座休眠复式火山的三座山峰中最高的一座。同时，乞力马扎罗山也是一座复杂多样的山，它实际上位于距离赤道 300 多千米处，从山脚遍布着棕榈树和栖息着豹子、大象、猴子的赤道森林带到山顶的北极带，这座山在不同的海拔共存在着 5 个气候带。

但是，这些定义中没有一个真实地反映了乞力马扎罗山现在的面貌。美国国家航空航天局发表的一份报告称，1912—2012 年，乞力马扎罗山已经失去了 85% 的冰川——这一现象已经有 12000 年没有发生过了，然而，在以前温度变化和今天相似的一段时期里，由于冰雪融化和冰川作用交替循环，这种现象被证明是很有复原力的。报告接着称，剩余的冰川到 2020 年——或者根据最乐观的推测，到 2040 年——可能会完全消失。虽然现在冰川萎缩现象遍及全世界，但乞力马扎罗山顶风景的季节性延时现象已经成为全球变暖带来的灾难性后果的象征——这主要是由于山顶冰盖的表面积和厚度都在减少，山顶的白色越来越少。然而，最近的研究证明，乞力马扎罗山上冰雪的消失更多是由于缺少降雨，而不是温度上升，因为近些年来，这座山所在的区域发生了严重的干旱，其一方面是气候变化直接所致，另一方面是低海拔地区的森林砍伐所致。事实上，树木往往会吸收土壤中的水分，然后通过树叶将水分释放到大气中：树木的减少导致空气湿度随之减少，形

P86—87 冰川正好位于乞力马扎罗山的峰顶之下。冰盖的表面积和厚度正以惊人的速度减少，这令人感到担忧。气候学家认为，到 2040 年，冰川可能会消失。

P87 “穷人的珠穆朗玛峰”：这个名字是为这一非洲巨峰而起的，因为虽然它很高，却很容易攀爬。尝试登山的登山者数量过多，还总会在他们的登山途中留下一路的垃圾。

成的云越少，雨和雪也就越少。

乞力马扎罗山上那世界闻名的雪不断消失，这不仅对地球来说是一场悲剧，对坦桑尼亚来说也是。坦桑尼亚政府认为这将带来一场经济灾难，因为他们知道虽然如此多的游客无疑会给这里的环境造成威胁，但是国家支持的旅游业中有一半的收入来自这座山峦所在的地区。

从 1889 年峰顶首次被登山者汉斯·迈尔（Hans Meyer）和路德维希·普尔柴勒（Ludwig Purtscheller）征服起，乞力马扎罗山就被称为“穷人的珠穆朗玛峰”，现在每年大约有 2.5 万登山者登山，其中大多数是业余登山爱好者。然而这些人不过是一群“野蛮人”，由于这里缺乏对环境保护所需的严格管理和监控，这些业余登山爱好者在自己的身后留下了一山的垃圾。

例如，在最近的一次对最受欢迎的沿山道路马兰谷（Marangu，这条道路有一个形象的绰号，即“可口可乐路线”）的清洁活动中，志愿者收集了 15 吨垃圾。

塞卢斯禁猎区

极具讽刺意味的是，非洲最大、最壮观的野生动物保护区——以一位标志性的猎人的名字命名——已经变成了世界偷猎之都。

伦敦自然历史博物馆的塞卢斯收藏品中共有 524 个哺乳动物标本，大型猎物狩猎者费雷德里克·库尔特内·塞卢斯（Frederick Courtney Selous，1851—1917）喜爱夸耀自己亲自射中了这些动物。然而这很合乎情理，因为他在维多利亚时期的大英帝国是一名狩猎偶像和浪漫英雄。在他的冒险生涯中，他骑在马背上游遍非洲各处，参观在他到访前白人所未知的地区，狩猎大型哺乳动物。1893 年，在他短暂访问英国期间，他得到了英国皇家地理学会颁发的创始人奖章，以表彰他在南非长达 20 年的探索和调查。

为了纪念塞卢斯作为一名猎人和自然资源保护者所做出的英勇行为，一些动物学家把他们发现的一些新物种以他的名字命名。然而在当时，“猎人”和“自然资源保护者”这两个名称并不对立，虽然不得不说在他职业生涯的最后，他意识到为娱乐而狩猎使得非洲的大型猎物大大减少，而在 20 世纪早期，这种狩猎在有钱的欧洲人和美国人中非常流行。最近，威

P88 一条鳄鱼埋伏在鲁菲吉河（Rufiji River）观察猎物伺机攻击。鲁菲吉河位于塞卢斯禁猎区中心，联合国教科文组织于 1982 年和 2014 年分别将其列入《世界遗产名录》和《濒危世界遗产名录》。

P88—89 蜿蜒曲折的鲁菲吉河和无数个湖泊、大型湿地以及布满金合欢树的平原一起形成了一个动态的栖息地。然而，和保护区内的其他河流一样，鲁菲吉河也遭到了铀矿废料的污染。

相关信息

· 滨海区(Coast region)、莫罗戈罗(Morogoro)、林迪（Lindi）、姆特瓦拉和鲁伍马（Mtwara and Ruvuma），坦桑尼亚

· 受威胁缘由：偷猎、无节制开采

尔伯·史密斯（Wilbur Smith）非常流行的冒险小说中的主人公就是以塞卢斯的生活和他的英勇行为作为借鉴而进行描写的。最重要的是，非洲最大、最原始的野生动物保护区之一——塞卢斯禁猎区——就是以他的名字命名的。塞卢斯禁猎区于1922年建成，面积超过50000平方千米，位于坦桑尼亚南部，塞卢斯的墓地就坐落在这里。事实上，在第一次世界大战期间，正是在这里，费雷德里克·塞卢斯在一场小规模战斗中被一名德国士兵所杀，这一结果有点类似因果报应的正义法则。

塞卢斯禁猎区是所谓的非洲五大动物的最重要的聚集地，尤其是大象和犀牛，这里还有大量的猎豹、长颈鹿、河马、非洲野狗和鳄鱼等其他物种。至于植物群，据估计这个公园约有2100个物种。这里还有极其丰富多样的动态栖息地：雨林（班图语称为“米欧波”）、落叶稀树大草原、遍布猴面包树的平原，以及常年性河流和季节性河流孕育的大型沼泽区。

今天，塞卢斯禁猎区赢得了“世界偷猎之都”这一称号：据粗略计算，仅2014年，这里就有1万头大象被杀，被杀的还有大量的犀牛，其被杀比例几乎同样惊人。大象因象牙被杀，而犀牛则因其牛角被杀，因为中医称犀牛角具有神奇的治疗特性。联合国教科文组织于1982年和2014年将塞卢斯禁猎区分别列入《世界遗产名录》和《濒危世界遗产名录》。据联合国教科文组织称，在过去30年里，这里的大象和犀牛数量已经减少了90%，

而且大型猫科动物的命运也非常令人担忧。此外，保护区边缘的一片矿区在2009年得到开采铀的许可。达累斯萨拉姆（Dar es Salaam）政府声明，这个矿区的土地使用费将用来加强反偷猎措施的实施，从而证明这一决定的正当性。但事实是，这一行为引起的破坏已经超出了目前潜在的好处。河流受到铀元素的污染，采矿公司为运输铀而开拓的道路使得偷猎者的不法行为更加容易进行。

P90 野牛正涉水渡过鲁菲吉河，这条河实际上到处都是鳄鱼。除了天敌，保护区的动物还是大量偷猎者的猎物。

P90—91 曾经，在这个坦桑尼亚（Tanzania）最大的保护区里，大象的数量达11万头。世界自然基金会估计，由于以工业规模进行的偷猎行为，现在大象的数量只有1.5万头。

维龙加国家公园

保护非洲第一个保护区和最后的山地大猩猩保护区免受许多严重危险，需要巨大的勇气和决心（甚至需要一支军队）。

比利时王子伊曼纽尔·德·梅洛德（Emmanuel de Merode）于1970年在突尼斯（Tunisia）出生，并在肯尼亚长大。现在他是闻名世界的人类学家和自然资源保护者。自2008年开始，他从事整个非洲最危险的工作：管理维龙加国家公园。这个公园成立于1925年，是非洲大陆上第一个保护区。公园占地面积7800平方千米，涵盖所有自然风景：稀树草原、森林、火山岩和湿地，以及活火山和顶峰被冰雪覆盖的山。这个公园是700种鸟类和200种哺乳动物的家园，这其中还包括霍加狓——这种动物会让人将之与长颈鹿联系起来，它在1959年被宣布灭绝后，又于2008年再次被发现。然而，这里的“超级明星物种”是山地大猩猩：公园里有200—300只（超过总存活数量的1/4），受到80名公园武装巡护员（德·梅洛德领导的一支特殊军队）的保护。

说武装巡视员是一支特殊的“军队”绝非夸张，因为在1994年，维龙加公园曾是卢旺达种族大屠杀的战区之一，现在饱受长期政治不稳定之苦，被至少12个非常规叛军争夺，所有这些叛军都认为公园的监护者是他们的敌人。2015年5月，由莱昂纳多·迪卡普里奥（Leonardo di Caprio）制作的电影纪录片《维龙加》开播，就在这段时间，德·梅洛德自己成为一个被游击队伏击的受害者，他被两次击中，侥幸存活了下来。在这次被他委婉地称为“不愉快的冒险”之后，德·梅洛德更加坚定地致力于保护这个“可怕”的自然宝藏。

维龙加公园只有1/10部分对游客开放（游客必须支付500美元才能获得一日从近处观看大猩猩的许可，这个金额无疑是值得支付的，这些费用和许多国际捐款一起，为公园自然资源的保护提供了资金），而剩下的土地则很不幸地被刚果（金）

相关信息

· 北基伍省和东基伍省（Provinces of North and East Kivu），刚果民主共和国

· 受威胁缘由：人类活动（武装冲突、偷猎、非法捕鱼、采矿、砍伐森林）

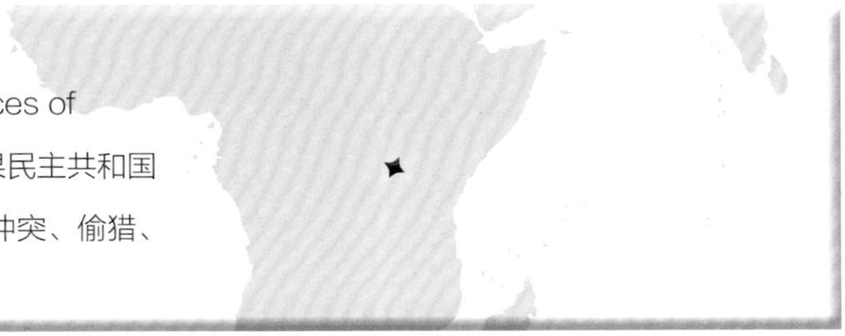

（East Congo）专用于各类丰富资源的开采。在卢旺达发生种族大屠杀以前，这个公园里有3000头稀树草原大象，今天，这些大象因它们的象牙而被猎杀，公园里差不多只剩200头；而大猩猩种群也因偷猎者对年轻猩猩的猎杀（以获取它们的肉）而受到威胁。虽然河马曾被估计有2.7万—3万头，被认为是非洲最大的种群，但是从1994年到2004年，它的数量下降到了350头。在德·梅洛德和他的巡护员们的巨大努力下，河马的数量已恢复到1500头左右。河马就像是湿地的基层“建筑师”，每头河马在爱德华湖（Lake Edward）的水里每天大约排出40千克排泄物，这些排泄物转化为鱼的养分，而鱼反过来又成为生活在湖边的人们的收入来源。然而，在这里即使是捕鱼，也存在一种威胁。虽然湖里有700条渔船是有合法捕鱼执照的，但是还有4000多条渔船在进行着非法捕鱼，这就意味着大约有80%的鱼被非法捕捞。

除了在土地上非法开采资源（其主

P93 尼拉贡戈火山（Mt. Nyiragongo）高3470米。它是世界上最危险的火山之一——在过去150年里，它已经爆发过50次，产生流速非常快而又具有毁灭性的熔岩流。

要是开采应用于手机电路的钶钽铁矿），这里还面临着地下资源所遭受的威胁，那就是合法化的石油开采，这主要来自于刚果政府对一家英国开采公司的支持。但是，据德·梅洛德所说，维龙加公园所面临的最严重的问题是非法砍伐森林，这样做是为了开采煤炭资源，以供生活在保护区里和边界上不断增长的人口所需，戈马（Goma）——北基伍（North Kivu）动荡的首都，也是非洲出生率最高的城市之一——就坐落在这个保护区内。此地的煤炭业务由刚果主要的游击队——卢旺达民主解放阵线管理，其每年的营业额达

3500 万美元，但这根本无法与人类生活和栖息地破坏所付出的代价相比。幸运的是，由于强有力的募集资金活动，德 · 梅洛德成立的维龙加联盟正计划建立一个水电站，为这个地区的 400 万居民提供一种新能源，从而结束煤炭和游击战之间沾满血腥的关系。

P94—95 可以证明，近距离观察一只山地大猩猩是人们可以在非洲体验的最刺激的经历。为得到历时一天徒步旅行的许可要花费 500 美元，因此这也是最昂贵的经历。但这笔钱将用来帮助保护大猩猩。

P95 一只魁梧的银背大猩猩，更确切地说，是维龙加森林里的一只雄性山地大猩猩。为了保护这个目前数量只有 200—300 只的物种，一支特殊的巡护员队伍已经建立。

南非开普植物保护区

这里的 13 个保护区占地 1 平方千米，共有 9000 个特有植物物种，在非洲南端形成了色彩丰富的地域特色，令人震惊。这片保护区是一个必须被特遣队保护的珍宝。

生物多样性犯罪调查部门（Biodiversity Crime Unit）——在十多年的犯罪现象调查之后，这个特殊的部门有可能成为一部新电视剧的主要表现对象。这部电视剧一定会吸引大量观众，其调查场地和拍摄所处的自然环境都将令观众着迷。由于拍摄对象真实存在，并在南非西部开普保护区工作，所以更加可以这么说。事实上，他们最近制止了一系列对蝴蝶仙人掌（又称“布须曼人的帽子”）的非法采摘。这种植物是夹桃竹科的一种多肉植物（由于其外观而被人们与仙人掌错误地联系到一起），由于其所谓的抗食欲特性而可以使人无须努力就能减肥，其在医药市场上的需求量甚大。

生物多样性犯罪调查部门的工作人员总是非常繁忙。他们工作涉及的地域由列入联合国教科文组织《世界遗产名录》的 13 个自然保护区组成，这些保护区面积超过 1 平方千米。这些保护区（即南非开普植物保护区）是世界上 6 个公认的植物王国之一，同时也是最小且每公顷生物多样化百分比最高的一个，甚至比亚马逊流域生物多样化的百分比还高：南非开普植物保护区只有非洲面积的 0.5% 大小，但是却有这片大陆上 20% 的植物群。不幸的是，由于气候变化（这在近年导致了干旱）以及人口压力，南非开普植物保护区也是植物灭绝速度最快的地区之一，因为保护区的大多数土地位于工业和农业高度发达的城市密集区域附近（农业导致了外来植物入侵，这非常令人担忧），如宏伟壮观的桌山（Table Mountain）——它俯瞰着开普敦（Cape Town），且时常“覆盖”着一层壮观的白云。

南非开普植物保护区的气候与地中海气候相似，在保护区的 9000 种植物中，69% 是特有物种，有 1736 种被归为濒危物种，还有其他 3087 种植物受到严格的监控，如蝴蝶仙人掌。这些植物构成了“凡波斯植物”（用来形容细叶植物的南非荷兰语，指灌木丛和荒野）壮丽、丰富的颜色和形状。这些植被大多是常青的，极其美丽，吸引了数千名自然爱好者和摄影迷——如那些喜欢用微距镜头寻找帚石楠、天竺葵、野生剑兰等数百种颜色极其鲜

相关信息

· 西开普，南非

· 受威胁缘由：人类活动、
不断上涨的人口压力

P96—97 在浩瀚的福尔斯湾（False Bay）海滩旁，春天生长出绚丽灿烂的多肉植物花。背景里的桌山俯视着开普敦。

艳的花卉和一片片同样诗情画意的银色灌木丛的人。当地人称这种银色灌木丛为“瑞诺斯特维尔德”植物群落，即“瑞诺斯特波植物”（鞘翅冠犀角植物）或“犀牛灌木丛”。此外，还有山龙眼科的许多物种，18 世纪中期伟大的植物学家卡罗勒斯 · 林涅（Carolus Linnaeus）以希腊之神普罗透斯（Proteus）的名字来命名这个植物科，它就像其他惹人喜爱的著名花卉植物科物种一样，能够呈现出无穷无尽的形状，例如菩提花（帝王花），由于它美丽的花絮上的洋蓟形状而被如此命名——它被选为南非的国花，是彩虹国家的完美象征。

P98 南非双领花蜜鸟在采食枫林花和其他凡波斯植物或细叶植物花朵的花蜜，这种鸟是西开普特有的物种。

P99 一种光辉绚丽的花：这是波斯特堡自然（花卉）保护区给出的定义。由于保护区岩石中的裂缝处是许多鸟类重要的筑巢区，因此保护区只在 8 月和 9 月对外开放。

阿齐纳纳纳热带雨林

5000 平方千米看起来或许很大，但它只相当于马达加斯加（Madagascar）原始森林面积的 8.5%。这是一个必须得到人们更多保护的生物多样性遗产。

1986 年，灵长类动物学家和环境资源保护者帕特利卡 · 莱特（Patricia Wright）有一个轰动的发现：在马达加斯加东南部森林的深处，她发现了金竹狐猴群（golden bamboo lemur），一种早几年前已经宣布灭绝的物种。这些体型中等的夜行狐猴对科学家来说是一个真正的难题，因为它们几乎只吃一种竹子——当地人称这种竹子为“巨”竹，其笋部含有氰化物，这意味着这种动物每天要食用 12 次能立刻杀死一个成年人的氰化物致死剂量而不眨一下眼睛。金竹狐猴不会受其毒害是由于其体内存在一种目前未知的自然解毒机制。金竹狐猴被列为世界自然保护联盟 (IUCN) 濒危物种红色名录的极危物种类别。这个物种还有不到 1000 只，全部生活在拉努马法纳国家公园（Ranomafana National Park）。这个公园占地 410 平方千米，在莱特博士的努力下于 1991 年设立。

这个极高危物种名录中还包括另一种非常奇怪的狐猴——丝绒原狐猴，由于其乳白色的皮毛柔软得令人惊奇而得此名。雄性丝绒原狐猴身上会有腺体的分泌物形成的红褐色圆斑，在交配季节，腺体的分泌次数会增加。有人看到它，可能会说它穿着“晚礼服”以给雌性留下深刻印象，要知道，这其实代表了这个物种保持着极佳的进化战略。丝绒原狐猴生活在马洛杰山（Marojejy）高大的紫檀树上，因此马洛杰也作为一个国家公园受到了保护。

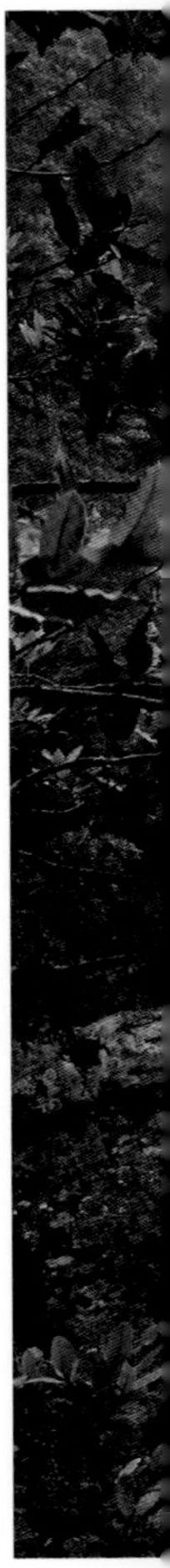

对于生活在马达加斯加东部的 6 个国家公园雨林里的独特动物物种来说，可以写的内容太多了（更不用说植物），这些雨林被统称为“阿齐纳纳纳雨林”（Rainforests of Atsinanana），于 2007 年被列入联合国教科文组织《世界遗产名录》。由于世界上第四大岛马达加斯加岛的地理隔离原因，这些生态系统都有极高的生物多样性，且所有动植物物种的特有物种分布率在 80%—90% 之间波动。

对于这个“巨型多样性”物种地区，我们应该不惜一切代价进行保护。考虑到这些位于险峻的山脊的森林物种数量几乎相当于曾经覆盖整个马达加

相关信息

· 安多亚耶拉、安德立吉塔（Andringitra）、马洛杰、马索亚拉、拉努马法纳和扎哈门纳国家公园，马达加斯加

· 受威胁缘由：不受控制的人类活动（非法砍伐森林、偷猎）

P100—101 厚厚的雾笼罩在壮观的安德里亚马摩沃卡瀑布（Chute d'Andriamamovoka）上，这个瀑布是 1991 年建立的拉努马法纳国家公园中许多瀑布里最著名的一个。

斯加绿色植物种类的 8.5%，人们就更应该这样做。不幸的是，事实并非如此。自 2009 年以来，这个国家就饱受政治形势动荡之苦，这导致了公共行政管理腐败急剧上升、国家自然遗产保护显著松弛。所有这些导致了阿齐纳纳纳雨林成为偷猎者的超级市场，这些偷猎者猎杀稀有的狐猴作为食物，并出售它们的皮毛，为此，他们还不加选择地砍伐树木，尤其是黑檀和紫檀，最终为已经濒危的物种的栖息地带来更多的损失。按照现状来看，马达加斯加政府提出禁止出口来源没有得到官方证实的木材，这个禁令已经被各种各样的组织忽视了。

P102 在马洛杰国家公园的一棵紫檀树上，蹲坐着一只雌性丝绒原狐猴和它的幼崽。这种极其罕见的日间活动狐猴能够从一棵树上跳跃到距其近 10 米远的另一棵树上。

P102—103 马索亚拉国家公园（Masoala National Park）位于马达加斯加的西北部，有着非常茂密的雨林。2003 年苏黎世动物园完美地复制了雨林的一部分，面积达 11000 平方千米，以研究该雨林中的物种，从而制定实施保护它们的战略。

P104、*P104—105* 2012 年初标志着在安可尼合尼 - 扎哈门纳自然保护区（Ankeniheny-Zahamena Nature Reserve）非法开采蓝宝石的开始，这一活动为极其罕见的狐猴物种栖息地带来了毁灭性的后果。

阿尼古城

一片美丽宁静的田园风光中到处都是 10—12 世纪建立的亚美尼亚巴格拉提德王朝之都的遗址。这座城市的建筑是迅速发展的哥特式风格的灵感源泉。

春天，在现代城市卡尔斯（Kars）和亚美尼亚边界间升起的高原上开满了紫红相间的花朵，当地村庄的养蜂人则准备采集高加索蜜蜂产出的蜂蜜，这种蜂蜜因其较高的品质在整个土耳其都很有名。乍看之下，这幅场景会让人想起乡村的世外桃源，但是靠近一看，你就会发现自从中世纪以来一直使用土地上的石头和黏土作为建筑材料的人们在土地上留下的条条裂痕。还有一些裂痕虽然没那么清晰可见，但是却更深：几个世纪以来，这座高原常常成为各种势力角逐的地方。

在一个受天然玄武岩堡垒保护的山谷里存在着迷人的阿尼废墟，这个山谷是由位于土耳其和亚美尼亚边界的阿胡良河（Akhurian River）的河道冲刷出来的。在 10 世纪和 11 世纪，阿尼是亚美尼亚巴格拉提德王朝的首都，这个王朝不断扩张，统治着土耳其东部的大部分地区和今天的亚美尼亚，在其鼎盛时期，其居民人数多达 10 万人。阿尼位于高加索（Caucasus）和小亚细亚（Asia Minor）之间商队行走路线的十字路口处，因城市有 1001 座教

P106 阿尼高原的风景，风景中的主体是宏伟壮观的大教堂废墟，远处背景中的建筑是为纪念米努基尔（Minuchir）而建的清真寺，米努基尔是从 1072 年开始统治这个城市的库尔德王朝（Kurdish dynasty）的第一任国王。

P106—107 阿尼城于 1600 年前建立，位于古商队通行路线的十字路口处，现在是一座“鬼城”，到处都是令人着迷的废墟，但是在 11 世纪，它是一座人口超过 10 万的大都市。

相关信息

· 卡尔斯省，土耳其

· 受威胁缘由：环境退化

堂而为人知晓，那些教堂属于当时技术最先进的建筑。

宏伟壮观的大教堂于 1001 年建成，这绝对是一个杰作。这座教堂是亚美尼亚历史上最伟大的建筑师特拉达（Trdat）建造的（特拉达分两个阶段监督施工，因为当教堂建成一半的时候，圣索菲亚大教堂由于一场地震而倒塌，因此他被召去君士坦丁堡监督教堂的重建）。他所建造的大教堂因创新使用了由 4 根支柱组成尖拱结构而著称。这些独有的特征致使学者认为阿尼大教堂是哥特式风格的灵感源泉，这个风格在下一个世纪传遍了西方世界。

1236 年，阿尼在战争中遭到了洗劫，1319 年，这座城市又在一场大地震中进一步受到摧毁，那时，它已经和一个村庄一样逐渐被遗弃，直到

17 世纪，彻底被人遗忘。

19 世纪中期，欧洲旅行者再次发现了这座壮观的“鬼城”，他们制作出这片废墟上浪漫的绘画和雕刻，但这只持续了很短的时间。自那时起，军队经常把这座城市当作自己的射击场，他们所造成的系统性破坏，使这座本已千疮百孔的城市更加破烂不堪，城市中建筑的破坏速度加快，快到超过了人们的想象。

不过，最近土耳其政府与世界文化遗产基金会的意见达成一致，已经

开始负责大教堂的修复，对于其他教堂和部分城墙，也已采取了安全保护措施。2016年7月，阿尼因其历史和艺术价值被列入联合国教科文组织《世界遗产名录》。由于阿尼城对亚美尼亚人来说是其历史和文化最有形的象征，也是民族自豪感的来源，上述提到的措施已被解释成土耳其人和亚美尼亚人之间和解的表示。绝非偶然的是，阿尼也是亚美尼亚女性中最普通的名字。

P108 1319年，阿尼大教堂的圆顶由于一场地震而倒塌。这座雄伟壮观的建筑是亚美尼亚历史上最伟大的建筑师特拉达主持建造的，大多数学者认为，这为欧洲哥特式建筑风格注入了灵感。

P108—109 圣格雷戈里大教堂于1215年受商人季格兰·霍尼茨（Tigran Honenc）委托建成，虽然它保存状况很差，但是它因其婚礼殿堂式的建筑和大面积的壁画而引人注目。

阿勒坡

2006 年，阿勒坡被冠以阿拉伯世界第一个文化之都。现在它俨然是一座 21 世纪的“格尔尼卡”（Guernica）。

阿勒颇，一座位于叙利亚北部的城市。这里曾拥有世界上古老的清真寺和教堂、神话般的城堡以及世界上最大的露天市场；这里曾是叙利亚重要的工业城市，拥有强劲的纺织业和制药业，养活了超过 200 万的人口；这里曾经是中东地区最繁华、最美丽的城市之一。而如今，这里几乎所有的一切都在叙利亚的战火中化为乌有。冲突期间，阿勒颇频繁被武装力量包围，与外界隔绝，整座城市被断水断电。昔日的繁华之都变成了一座既黑暗又寒冷的城市。

说阿勒坡受到威胁和陷入危险只是一种委婉的说法，因为即使这座城市的 25 万居民仍在继续抵抗对他们的包围，阿勒坡也已经被毁灭。历史告诉我们，就像其他所有的战争一样，这场战争终有一天会结束，而且阿勒坡将会从碎石中再次复兴。真正的窘境是，当战争结束后，叙利亚和整个中东会变成什么样子，以及阿勒坡是否有能力作为那个令人震惊的民族大熔炉而再度出现。在几个世纪甚至上千年里，各个民族伟大的建筑和思想塑造了这座城市，阿勒坡正是凭借世界性和开放性，在 2006 年赢得了阿拉伯世界第一

P110 阿勒坡大清真寺的历史可以追溯到13世纪马穆鲁克统治叙利亚的时候。根据传统，这座清真寺里有希伯来先知撒迦利亚（Zechariah）的墓地。

P110—111 这是2014年5月8日炸弹爆炸造成的破坏，摧毁了旧城边缘的卡尔顿城堡酒店。

相关信息

· 西蒙山区

（Mount Simeon district），叙利亚

· 受威胁缘由：战争

个文化之都的称号，实属名副其实。

阿勒坡城堡被宏伟的椭圆形城墙包围着，直到 21 世纪仍保存着其丝绸之路贸易中心之一时的异域魅力， 12 千米长的小巷错综曲折，就像一条蛇一样向上蜿蜒盘绕，直到一座小山的山顶，小巷两边遍布商店、生产由橄榄油和月桂制成的阿勒坡传统肥皂的工厂，还有为商队提供住宿的迷人小旅馆、别具风格的奥斯曼建筑及宏伟壮观的清真寺，哈拉威亚清真寺（al-Halawiyya）就是其中之一，它还残留着作为拜占庭大教堂时的痕迹。但是阿勒坡最让人意外的事物贮藏在城墙之外。

城堡的山脚是 14 世纪建造的雅波格哈 · 纳歇里浴场（Hammam Yalbougha al-Naseri），这不得不让人联想到安格尔（Ingres）画的土耳其浴场里性感的女奴。这个浴场已经遭到破坏，就像吉代德区（al-Jdayde）一样，只剩下一个框架。这里是东正教和亚美尼亚基督教的所在地 [在阿拉伯世界，阿勒坡是继贝鲁特（Beirut）和开罗之后的第三大基督教城

市]。另一个遭到破坏的地区是在19世纪晚期和20世纪早期之间发展起来的现代城市。这座城市有家著名酒店，这家酒店或许比其他任何建筑更能体现这座城市的灵魂，这就是男爵大酒店。这家酒店属于一个亚美尼亚家族，处在一个豪华之地，它很像一个博物馆，里面展示着曾经在这里住过的重要人物的纪念品，从著名的“阿拉伯的劳伦斯”（Lawrence of Arabia）到阿加莎·克里斯蒂（Agatha Christie）——其曾在酒店酒吧的一张桌子上写下了著名的小说《东方快车谋杀案》（*Murder on the Orient Express*）。

P112 这是在所谓的阿勒坡战争爆发之前城堡的全景鸟瞰图，这场可怕的围攻始于2012年，在阿勒坡这个世界上不断有人居住的最古老的城市之一仍不断招致死亡和破坏。

P113 倭马亚清真寺（Omayyad mosque）的宣礼塔坐落在城堡区，于1090年建立，2013年4月遭到战争的破坏，现在已成为一堆碎石。

巴尔米拉

极端武装“伊斯兰国”杀害考古学家哈立德·阿萨德（Khaled al-Asaad），破坏壮观的巴尔米拉考古遗址中的珍宝，这对全人类来说是一项无法挽回的损失。

哈立德·阿萨德知道巴尔米拉每一根圆柱、每一座雕像、每一尊浅浮雕雕塑。他倾其半生去研究、热爱这个“沙漠新娘”，更在做了 40 年的考古遗址主管，并于 2003 年退休之后，决定作为博物馆和古董部门的一名专家继续留在那里。2015 年的夏天，当极端武装“伊斯兰国”逮捕他

的时候，82 岁高龄的他正待在遗址旁边的博物馆里，四周都是这座历史古城的精美发现物。其后，出于对巴尔米拉的热爱，作为为其献身的“最后证词”，他拒绝透露大多数雕塑杰作的藏匿处，因此遭受折磨。8 月末，哈立德·阿萨德被斩首后，其尸体被悬挂在灯柱上的图像被所谓的“哈里发”（Caliphate）展示到了网上，还伴有简短残酷的声明，称他是因为掌管一批神像而被杀。全世界都看到了这张图像，这激发了人们的恐惧感。在叙利亚，这种狂热正在摧毁人类文明及其象征，造成流血事件。2016 年 3 月 26 日，支持叙利亚总统阿萨德的军队成功重新占领巴尔米拉所在的领

P114、*P114—115* 前和后：这些照片展示了凯旋门（左）和宏伟的巴尔庙在遭到系统地破坏之前的模样。得到俄罗斯军队援助的阿萨德军队在进行非常激烈的战斗之后重新得到了巴尔米拉。

相关信息

· 泰德穆尔，霍姆斯省（Governorate of Homs），叙利亚

· 受威胁缘由：战争

土时，弄清对这个宏伟壮观的考古遗址造成的破坏才成为可能。这时这里还剩下巴力庙和巴尔夏明神庙，它们分别于公元 32 年和一个世纪后为纪念主要的城市之神而建立。于公元 2 世纪末至 3 世纪初罗马皇帝塞维鲁（Septimius Severus）统治期间建造的凯旋门也被炸弹摧毁。虽然大多数城垣成为废墟，但市场、剧院和城墙等受损较小，考古学家认为，即使重建工作得以开始，也不可能恢复巴尔米拉在季诺碧亚女王（Queen Zenobia，季诺碧亚女王被认为是东方最美丽、最反传统的女性，她在公元 274 年敢于挑战罗马帝国的权威）统治期间所展现出的那种氛围以及独特感和辉煌感。

泰德穆尔（Tadmur）是位于遗址旁边的那座现代村庄的名字，它已被"圣战分子"夷为平地——定居地的第一份记录在册的证据在公元前 19 世纪的《亚述法典》（*Assyrian codex*）上被发现。这个名字来源于闪米特语中的词汇"tamr"，这在阿拉伯语中的意思是"大枣"，这座城市的拉丁名来源于"palm"，它们有着相同的词根。这座城市后来出现在巴比伦编年史上，其后又出现在波斯人和亚历山大大帝之间所爆发的战争的记录中，后来这座城市发展繁荣，直到公元前 1 世纪，它成为一座富裕的商业城市，在当时已知世界的两个最大的帝国——罗马帝国和波斯帝国之间享受着特权地位。

这座城市后来置于罗马霸权的统治之下，成为叙利亚省的省会，公元 124 年被哈德良皇帝（Hadrian）授予"自由之城"的称号。当时，这座城市因繁荣的商业贸易而在其罗马帝国的所有省会中脱颖而出。在其他城市中，小麦、红酒和油是主要的商品，而到这里的商队通常从遥远的印度和中国带来极具吸引力的商品，如丝绸、象牙和珍贵的石头。这些都是巴尔米拉城值得且配得上拥有的高超异域物品，巴尔米拉的建筑和艺术（巅峰之作是在城市郊区的墓地里发现的雕塑）以及宗教信仰和习俗都完美演绎了古罗马时代的生活——尽管这明显是采用东方的方式。事实上，巴尔米拉变得太具"罗马化"，因此当季诺碧亚成为女王时，她感到自己注定要登上罗马的王位。

巴尔米拉文化的独创性[就像法国考古学家保罗·维尼（Paul Veyne）最近在一本对毁坏的珍宝和哈立德·阿萨德致以最深敬意

P116—117 破坏之前巴尔庙的全景鸟瞰图。巴尔庙在公元 32 年被宣布为神圣之处，它是巴尔米拉人的生活中心，它的建筑是东方和希腊—罗马风格的完美结合。

P118—119 借助 3D 技术，一家意大利公司得以展现凯旋门（在被残酷地摧毁之前可以看到）现场重建的投影。

P119 建于巴尔米拉的黄金时期——季诺碧亚时代的另一个牺牲品：带有 6 柱门廊的享堂。

的书中所陈述的］还在巴尔庙的浅浮雕雕塑中得到了体现。这尊雕塑描绘了一队男人和女人在去拜祭上帝途中的情景。男人是一个接一个地以侧面轮廓雕刻，而女人则裹着令人惊奇的面纱。维尼提到，这件作品引起了考古学家之间激烈的辩论，一些学者甚至认为这是抽象艺术的起源。但是更有可能的是艺术家面对这么多的东西方模型和风格，决定发明一种新的样式，因此给后代留下了一个特别的教训：那些固执地坚持只认可一种文化或文明的人，注定过着默默无闻的生活。

布斯拉

在过去两千多年里，纳巴泰人、罗马人、拜占庭人和阿拉伯人在布斯拉（Bosra）留下了无数历史和艺术瑰宝。然而今天，这座城市正在感受战乱造成的破坏。

古代编年史记载道，布斯拉剧院是整个罗马帝国最精致的建筑作品。这个剧院有 37 排座位，能容下 1.5 万名观众，由于它拥有完美的音响效果，因此即使在那些价格最便宜、距离最远的座位上也能尽情欣赏戏剧。剧院里到处都是带有科林斯式柱头的圆柱，装饰的小短剑上饰有珍贵的丝织品，此建筑的内墙由黑色玄武岩建成，墙上是饰有优雅的缪斯浅浮雕雕像的大理石面板。在剧院的表演期间会有这样一道程序：剧院奴隶往观众的身上喷洒玫瑰香味的水，为观众缓解周围沙漠的炙热。这个剧院可以追溯到帝王图拉真（Tragan）统治时期，它是古罗马人在布斯拉建造的意义最深远的建筑作品。古罗马人在公元 106 年攻取了肥沃的哈特拉平原后，把布斯拉作为罗马帝国阿拉伯省的省会。在此之前，布斯拉是继佩特拉（Petra）之后的纳巴泰王国（Nabataean kingdom）首都，其建于公元前 14 世纪，在罗马帝国衰落之后，布斯拉成为一座非常重要的拜占庭城市，随后被穆斯林·阿尤布王朝（Muslim Ayyubid dynasty）攻取，成为朝圣者和商人前往麦加的一个中途停留地。

在壮观的考古废墟中可以看到这座城市丰富多样的历史。罗马城的寺庙和浴场位于宏伟的拜占庭教堂和清真寺遗址的右边。其中奥迈里清真寺（Al-Omari）是已知的最古老的清真寺之一。在阿尤布统治期间，古剧院变成了阿拉伯军事建筑中最不同寻常的一座建筑：梯形座位被沙覆盖（由于这一保护，考古学家在 50 年前发现它时，梯形座位场地处于保存完好的状态），剧院四周建起了一座城堡，城堡里布满了军队的营房和瞭望塔。此外，布斯拉自古代起就有人居住。在内战蹂躏叙利亚之前，游客被这个现存的考古遗址所吸引，当地人把废墟当作他们的房屋，儿童在休憩场所玩耍。每天早上，人们把传统的阿拉伯面包（中东大饼）放在古罗马中枢大街的圆柱上晒干，戴着希贾布的妇女在古代建筑的背阴处一边聊天一边用以相同的黑色玄武岩制成的研钵研磨百里香、芝麻和漆树的混合物，这种混合物在中东叫作“za'atar”，它是制作贝都因曲奇（Bedouin cuisine）的典型调料。

2015 年，布斯拉遭到了内战中的空袭，给剧院和其他古建筑带来了巨大的破坏。幸运的是，平民中没有人受伤，因为从内战爆发一开始，那些把这个考古遗址当作

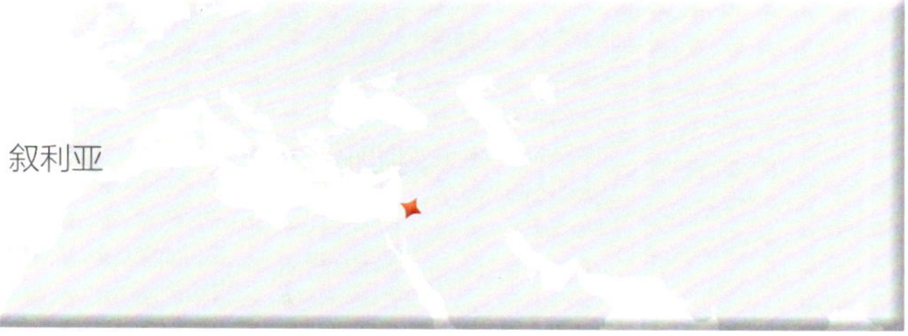

相关信息

· 德拉区（Daraa District），叙利亚

· 受威胁缘由：战争

自己家园的人就被迫在这个地区紧靠约旦边境的村庄里寻找更安全的地方。空袭引发了联合国的官方指责。很明显，这个地区的历史、文化和宗教遗产以及全体居民的命运非常令人担忧。

P121 由于在阿尤布时期梯形座位完全被沙覆盖，因此布斯拉黑色玄武岩剧院仍然处于保存完好的状态，但是最近它在内战的轰炸中遭到了严重破坏。

耶路撒冷

最典型的“圣城”受到威胁了吗？联合国教科文组织说“是”，但是以色列政府强烈否认这一说法。无论情况如何，为了人类，必须不惜一切代价保护耶路撒冷。

犹太裔美国作家乔纳森·萨弗兰·福尔（Jonathan Safran Foer）在他的新书《我来了》（*Here I Am*）中想象以色列国遭到一场毁灭性地震的破坏：除了夺走1万人的生命（尽管政府拼命对这个数字保密），还有大量的建筑遭到破坏，这些建筑在耶路撒冷有着不可估量的历史和象征价值。例如，圣庙西墙向内破裂，永远地埋葬了汇集数百万世界各地犹太人希望和祈祷的笔记。“还剩下什么？”小说中的一位主人公问。答案是“只有哀号”。但正是地震之后的那一天天和一周周形成了全球范围内的世界末日场景。许多伊斯兰国家与以色列有着深刻的矛盾，他们想要重新获得他们认为应当属于自己的东西，当周边国家和沙特阿拉伯一起成立了阿拉伯国家联盟时，伊朗（Iran）决定自行采取行动。与此同时，以色列关闭了机场和港口，但是这只能阻止人道主义救援的抵达。至于各种各样的基督教教派，他们在地震发生的第二天就已经为谁会被托以重建圣墓教堂的任务以及如何重建而展开激烈的争论。

可以肯定的是，萨弗兰·福尔自由发挥了其最反乌托邦、最异想天开的描述，并在小说中增添了一点典型的、愤世嫉俗的犹太人式的幽默感。但是，众所周知，尽管耶路撒冷被认为是“每个人的城市”，但在其漫长历史的许多阶段，它已经有成为“无人之城”的风险。

耶路撒冷是三大宗教的圣城。对犹太人来说，这里是亚伯拉罕（Abraham）祭祀的地方，也是《圣经》中的大卫王建立第一圣殿所在的城市。对基督徒来说，这是基督被钉在十字架上处死和复活的地方，橄榄山（Mount of Olives）、沿着蜿蜒穿过旧城的痛苦之路分布的十字架站点和圣墓教堂则是他们信仰支柱的具体证明。对穆斯林人来说，耶路撒冷——更确切地说是圣殿山（Temple Mount）上的踏脚石，是预言家穆罕默德（Muhammad）升天的地方。此外，耶路撒冷还是经常发生冲突的现代和古代相结合的城市，也是不加约束的城市化与多方建立共同体相伴而行的地方。

相关信息

· 耶路撒冷区，以色列

· 受威胁缘由：人类活动（不加约束的城市发展、宗教冲突）

P122—123 今天，现代建筑包围了圣殿西墙和壮观的金色岩顶清真寺，然而这并没有影响这座城市是三大宗教圣城这一深远的象征价值。

P124—125 旧城城墙风景。这些城墙的长度超过 4 千米，平均高度为 12 米，它们是奥斯曼人在 1537—1541 年建立的，共有 7 个主门和 34 座瞭望塔。

P125 从橄榄山上的墓地处看到的城市之景。橄榄山在 3000 年前第一神殿时期就已经被用作大墓地。这里有犹太教历史上重要人物的坟墓。

后面的那些因素致使联合国教科文组织于 1982 年 [这仅发生在约旦（Jordan）提出的把耶路撒冷列入《世界遗产名录》一年之后] 把耶路撒冷旧城及其城墙列入《世界濒危遗产名录》。这一仍然有效的名号引起了联合国教科文组织和以色列之间的冲突，其原因部分是出于为保护建筑和他们所代表的宗教而通过的严格的法律，以色列政府并不认为耶路撒冷的现代化对其整体性是一个威胁，并声明道，虽然这无疑是座无与伦比的城市，但 21 世纪耶路撒冷发生的城市变化同世界上其他大城市实行的现代化一样，并不是一个威胁。

不可否认，这个问题已经成为政治问题，至少可以说非常棘手——部分原因是耶路撒冷是一个非常活跃的城市，就像萨弗兰 · 福尔用他自相矛盾的写作风格警告我们的那样，相当一部分人（即使不是所有人）对它有深深的依赖感。

死海

人们提出了许多宏伟的计划，以拯救地球上含盐度最高、海拔最低的湖泊及其水域，这片水域拥有惊人的风景及深厚的历史和关于《圣经》的记忆。

被棕榈树和一个植物园环绕的恩戈地绿洲（Ein Gedi）矿泉中有6个具有巨大理疗特性的含硫黄水池，水池恒温37.8℃，矿泉中还有放松按摩或泥浴疗法区域。在这里——地球的最低点，空气中的氧气含量与我们在海平面所呼吸的相比要多10%，这给人们一种自己几乎拥有超能力的感觉。无论这种幸福的效果多么令人敬畏，这都不是恩戈地唯一吸引人之处。那些去恩戈地的人还会在需要的时候去花费时间探索一个既迷人又陌生的地区，这个地区在基督教、希伯来和穆斯林神圣的经文中都发挥着主要作用。1947年，《死海古卷》在库姆兰（Qumran）的山洞中被发现，其被认为是最古老的希伯来圣经手稿。距库姆兰仅几十米远处有两个历史遗址——耶利哥（Jericho）和梅察达城堡（Masada）。耶利哥可以说是世界上有人居住的最古老的定居地，梅察达城堡则以犹太人叛军在抵抗罗马人的战争期间最后的避难所而著名（这个防御城堡被围攻了两年，当居民意识到这里很快将会被攻破后，他们宁愿选择集体自杀，也不愿被俘虏和奴役）。

但是在近代，恩戈地失去了其最宝贵的珍宝——死海。不久前，死海距离游泳池仅几步远，但是现在要想到达死海的岸边，游客必须乘坐矿泉疗养地提供的专车，然后才能像一个酒瓶木塞一样在世界上最咸的水体上体验漂浮的乐趣。在过去40年里，死海的面积减少了1/3，水位在前20年里几乎每10年下降6米，在接下来的

P127 位于恩·波格（Ein Bokek）的盐沉积物。恩·波格是世界上气压最低的地方。1976年，死海比其他海域的海平面低398米。不幸的是，2016年测量的结果显示死海的形势已经恶化：数字显示，死海的海拔已经为海平面以下430米。

相关信息

- 犹太和撒玛列亚（Judea and Samaria）、拜勒加（Balqa）、马代巴（Madabe）和卡拉克（al-Karak），以色列和约旦
- 受威胁缘由：人类活动（用于农业、工业和采矿业的湖水改道）

P128—129 死海北岸的一片盐沼，周围是运输船，并配有水泵系统。盐晶累积导致这个巨大盐沼的河床每年上升约 20 厘米。

10 年里下降了 9 米，最后 10 年又下降了 11 米。换句话说，1976 年死海的海拔是 -398 米，比其他所有海的水位都低，而 2016 年其海拔是 -430 米。目前造成这种情况的主要原因是以色列和约旦为满足两国的农业、工业及国内人民生活和游客的用水需求，以及采矿业为了提取钾和其他矿物的抽水所需，在约旦河（死海唯一的常年支流）上修建大坝。

死海的海平面下降导致了海岸和周围地域极其激烈和快速地形成坑洞，有时候仅在一夜之间发生。咸水退却引起了这种现象，导致干枯河道（季节性洪流）里的淡水渗透至地表盐层，使盐层溶解，从而形成了直径约 30 米、深度至少 19 米的大型坑洞。目前这样的坑洞已经超过 5500 个，阻挡了许多通往死海海滩的路，形成一幅被猛烈轰炸过的景观。

P129 死海萎缩导致坑洞沿着海岸快速出现，从而阻挡了通往许多著名海滩的路，形成了“月牙形风景图”。今天这样的坑洞大约有 5500 个。

在对无数控制死海水面退却并提供水源（这些水源将必须除去盐分）的研究中有许多提议，或许迄今为止最合理的一个就是建一条连通红海的运河，这样，红海里的水就可以被引入死海。但是，由于红海中盐度较低的水将加速新坑洞的形成，这个选择也只是个不完善的解决方法。

P130—131 著名的梅察达城堡位于400米高的岩石高地上，这里能够俯视死海。

古萨马拉

这座与《圣经》里的巴别塔（Tower of Babel）相关联的螺旋塔，是9世纪时宏伟壮观的阿拔斯王朝的首都最著名的受损建筑。

人类曾经都使用一种语言。由于害怕再次发生洪水，他们决定合力用砖和泥砌建一座宏伟的、通往天堂的巨塔。他们称这座塔为“巴别塔”，即希伯来语中的“上帝之门”。上帝被这过度自豪、妄自尊大的行为所激怒，因此让人类拥有不同的语言，使人们相互之间不能理解，然后又将他们送往世界的四个角落。这是《创世纪》里叙述的巴别塔的故事。大概没有建筑（也不存在某个建筑）能如此多次地代表拜占庭的镶嵌图案艺术、本笃会装饰华美的手稿和某些佛兰德绘画杰作。

几个世纪以来，基督教旅行者来到距离古巴比伦（Babylon）不远的底格里斯河（Tigris River）河岸的萨马拉，他们发现自己身处一幢建筑前，这幢建筑与他们之前见过的一座神秘之塔的精美复制品非常相似，我们可以想象得到他们对此的惊讶。这个被视为与巴别塔有关联的建筑是一座高约52米的圆锥形宣礼塔，阿拉伯人称其为“玛勒维耶”（Malwiyya）的螺旋塔，这是一个通往上帝之路的极为有趣的建筑隐喻。更让人迷惑的是，宣礼塔（曾经是世界上最大的清真寺萨马拉大清真寺遗址的一部分）是沿着金字形神塔（即那些为了纪念美索不达米亚神明而在黎明时分建造的建筑）的方向建造的。然而，这座神秘的宣礼塔和这座拥有众多神圣遗址的萨马拉城成为暴力冲突的战场已经有十多年。所有这些不仅以居民变得疲惫不堪为代价，还以在836—892年间曾是阿拔斯王朝首都古城的被毁为代价。

P133 萨马拉玛勒维耶螺旋塔的外观。

相关信息

· 撒拉丁省，伊拉克

· 受威胁缘由：战争

黄金时代的“伊斯兰帝国”范围从突尼斯一直延伸到中亚。在这段时期内，一些绝对惊人的建筑作品建造而成。除了上述的宣礼塔和大清真寺（其仅剩下大门和3米厚的外墙），还有虽然小，但是同样壮观且精美的阿布都拉夫清真寺、达·阿勒·哈里发（哈里发宫殿）等伊斯兰世界最宏伟瑰丽的宫殿、陵墓和军事区。所有这些建筑佳作都以粉质灰泥和釉面瓷砖来装饰，这些技艺和风格在仅仅几年里就经历了从最古老的伊斯兰艺术修饰风格到纯粹抽象风格的演变。

今天，仅有一些这种装饰的碎片仍在阿拔斯王朝萨马拉城市建筑群的废墟中残留。在伊拉克恢复和平之前，欣赏这种艺术的某些范例的唯一途径就是去参观柏林的伊斯兰艺术博物馆。

P134 这个美妙绝伦的天青石装饰陶器属于阿斯卡里清真寺宣礼塔的圆顶。这个清真寺建于944年，是以两个伊玛目的陵墓而出名。

P135 带有著名的金色圆顶的阿斯卡里清真寺（Askari Mosque）于2006、2007年遭到轰炸，由于联合国教科文组织提供资金得以修复，2009年再次开放以供做礼拜之用。

萨那和希巴姆

萨那和希巴姆（Shibam）这两座“垂直的”旧城沿着神话中的香料之路分布，是伊斯兰建筑的佳作，但现在正遭受混乱的政治形势和人口减少问题的困扰。

50 年前，暴雨导致萨那大清真寺倒塌，从而揭示了几个世纪以来那些逐渐被遗忘的房间的存在。这个发现带来了另一个更重要的发现：清真寺里有几页古老的《古兰经》。事实上，这个房间类似一个储存室，当神圣的经文变得太破旧而不能继续使用时，虔诚的信徒就在这个储存室里面留下它们的副本。这些随着时间流逝而被渐渐破坏掉的页面随后被放在了清真寺的图书馆里，直到 2008 年，经一队德国和意大利考古学家研究，确定了这些被破坏的页面中有价值连城的珍宝，即已知的《古兰经》最古老的副本之一，这个副本可以追溯到 7 世纪早期穆罕默德仍然活着的时候。

事实上，据说是预言家自己选择把大清真寺建在萨那。这座城市至少在 2500 年前建立，在公元前 2 世纪成为著名的塞巴王国最重要的要塞。后来，在公元 628 年之后的一百多年来，萨那成为主要的宗教中心之一，也是著名的香料之路的最后一站。那段长期的繁荣在也门现在的首都留下了众多遗产，包括 103 座清真寺、14 个浴场和 6000 多座房屋，所有这些都建于 11 世纪之前。这里还有被称为布斯坦的花园和从 17 世纪开始用玄武岩建成的高楼——高楼的装饰由几何图形和带有多彩玻璃的窗户等组成，在四面群山的迷人背景下十分显眼。这些建筑被认为是伊斯兰建筑的绝佳之作，但是它们极其脆弱。就像上面提到的发生大清真寺倒塌这种事情一样，可以这样说，由于大气作用以及当今居民对萨那历史中心的不尊重，不断对其进行现代化改造，这里的人们付出了其

P137 萨那是一座 9 世纪之前用砖、石头和土坯建成的奇特非凡的建筑综合体。这座古城大约有 6000 座高大的房屋、103 个清真寺和 14 个浴场。

相关信息

· 萨那和哈德拉毛省，也门

· 受威胁缘由：战争、土地退化、人口减少

TOPMAN

应付的代价。此外，在过去的几年里，也门深受常常演变成武装冲突的政治不稳定之害。最近的战争严重破坏了历史上的卡西米区，毁坏了著名的花园、14 世纪的马赫迪清真寺和许多历史房屋，这导致联合国教科文组织把萨那古城列入《世界濒危遗产名录》。

与此同时，联合国教科文组织把另一座奇特的也门城市也列入同一名录。这座城市就是希巴姆，它也位于神话中的香料之路沿线。哈德拉毛地区（Hadramawt）的省会周围城墙环绕，被认为是世界上最古老的“垂直城市”，其用晒干的泥和草砖建成的摩天大楼（是真正的 6—8 层塔状结构）耸立在一座岩石山上，俯视着布满棕榈树的平原，正因此，这座城市赢得了“沙漠中的芝加哥”的称号。

P138 2015 年 9 月 18 日，一团烟雾在法吉阿塔区（Fajj Attan）升起。

P138—139 由于破坏性的内战和快速的经济社会变化带来的压力，萨那古城岌岌可危。

这些建筑在暴雨和严重干旱的摧残下，建筑体质量不断恶化，因为许多居民已经遗弃了它们，宁愿住在沿着通往城市的高速路边建成的混凝土房屋里。2010 年世界文化遗产基金会完成了一项 6 层楼高的古拜斯达湾房屋修复的试点项目，从而向人们展示：只要进行足够的加固和现代化改造，古“摩天大楼”就能变成既舒适又实用的居住地。

P140—141 黎明，一轮巨大的新月给以“沙漠中的芝加哥”著称的“垂直城市”希巴姆古城风光和哈德拉毛高原的自然景观带来了无穷的魅力。

巴米扬山谷

几个世纪以来，兴都库什山谷（Hindu Kush valleys）的大佛雕像一直保护着沿丝绸之路游历的朝圣者和商人，现在亦是如此。

2015年6月7日对巴米扬山谷（Bamiyan Valley）来说是特殊的一天。黄昏时分，中国人梁红（Liang Hong）和张昕宇（Zhang Xinyu）在花了一整天时间解决技术细节问题后，为世界提供了两座14年前被破坏的大佛的全息图。在砂岩峭壁上雕刻出的巨大的壁龛里，仍然有被炸弹轰炸过的雕像遗迹，3D激光投影再现了这座雕像的辉煌，使得这一“奇迹”以另一种形式得以再现。那些见证了这个动人却又短暂的展览的人（或世界各地在网上或报纸上看到图像的人）都会对这个奇迹有同样的狂喜之感。在遥远的643年，僧侣玄奘在经典文本《大唐西域记》中描写过这个奇迹。巴米扬山谷位于宏伟的兴都库什山脉山脚，海拔2300米，在那时，以及其后的某段时间，这个山谷（即从中亚到印度次大陆的商业中心）是丝绸之路上最繁华的路段之一。这两尊大佛可以追溯到2—4世纪有名的贵霜帝国时期，它们的高度分别是53米和38米，由高浮雕、多彩的轴承合金和珍贵的石饰品雕刻而成，它们在一个拥有十几个修道院的宗教和商业中心里是最壮观的雕像，在这里1300米高的悬崖上大约还刻有1000个洞穴。值得注意的是，这里还是佛教传播到西方的象征边界的标志，此雕塑是由印度和希腊风格元素（亚历山大大帝的马其顿军队进一步推广了这种风格）结合建造而成的，这种结合产生了犍陀罗希腊式佛教艺术，由于其形式的和谐性和可塑性，以及所刻画的神明所展现出的阿波罗式特征，这种艺术被认为是佛教雕塑的巅峰。鉴于阿富汗目前不稳定的形势，巴米扬佛

像的大面积修复工作似乎只是一厢情愿的想法。此外，在最近的视察中，考古学家发现另一尊著名佛像（当时位于所谓的涅槃位置的一边）上的重要碎片，这只在古代编年史的文本里被提及过。这些考古学家深信这个复杂的洞里仍然藏着不寻常的犍陀罗艺术珍宝，这些珍宝在几个世纪以来一直是一个秘密，因此幸运地避开了一些劫难。

P142 这是巴米扬山谷最大佛像的遗迹，曾经被炸毁。这些雕像最初涂有多彩的灰泥，并饰有金属和珍贵的石料。

P143 巴米扬悬崖位于兴都库什山脉的山脚，延伸1300米，悬崖上到处都是可供隐士居住的洞穴。事实上，这个被认为是传播佛教的象征性边界的地方是一个重要的教会中心。

相关信息

· 哈扎拉贾德地区，阿富汗

· 受威胁缘由：战争

P144—145 由于气候变化，位于北马累环礁的库达班度士岛（Kuda Bandos）既“非常美丽”又十分脆弱。现在群岛的 3/4 都高于海平面不到 0.5 米。

P145 一幅堡礁的鸟瞰图。2009 年总统穆罕默德·纳希德（Mohamed Nasheed，现已离任）第一次在水下举行政府会议，所有与会成员都身穿潜水套装，其目的是引起世界对马尔代夫即将面临的命运的关注。

相关信息

· 马尔代夫

· 受威胁缘由：气候变化（海平面上升）、大众旅游

马尔代夫

这个度假天堂在100年后还会存在吗？没有人知道真正的答案，但是环保主义者正在寻求解决方法，拯救这个地面最高点海拔居全球最低位的国家的壮观岛屿，使其免于被淹没。

马尔代夫的居民开玩笑地说，他们国家唯一的山就是到处遍及的垃圾堆——但是大家都很清楚这并不是玩笑。当然，这些并不有趣的垃圾堆恰好躲过了众多来这个热带天堂度假的游客的视线。这个度假天堂是一个由26个环礁组成的岛屿，环礁像一串珍珠一样沿着印度洋的海面呈带状分布。那些对“垃圾山”浑然不知的游客漂浮在环礁湖晶莹剔透的水面上，或许在和魔鬼鱼玩耍，或许戴着潜水面罩、穿着脚蹼，沿着1190个马尔代夫

岛屿前的珊瑚礁游玩（其中一些岛屿已经成了豪华度假村），他们只看见海面下和海面上那如梦境般的风景。

有些游客来到这里是为了尽情潜水（这里的海洋生物圈可以与澳大利亚的大堡礁相媲美），而有些游客则只是为了能在其他所有度假村都会组织的有金枪鱼、椰子、米饭和香料的典型马尔代夫晚餐期间享受地方特色，这种晚餐在乘坐传统的多尼船（dhoni boat）去当地人居住的岛屿的短途旅程期间也会提供。第一站是到胡瓦迪乎（Huvadhoo）购买交织着棕榈叶的纪

念品，然后到图尔哈多岛（Thulhaadhoo）购买喷漆产品，并到其他专门生产印花布和丝绸装饰品的岛屿去购物。当然，一些游客认为他们是真正的“旅行者”，因此对著名的北马累环礁和阿里环礁（Ari atolls）嗤之以鼻，宁愿在更原始的芭环礁(Baa)和拉菲雅尼环礁(Lhaviyani)上的度假村度假，因为据他们所说，这些岛屿代表着过去的马尔代夫。

但是不幸的是，过去的马尔代夫已经不复存在。在1901年英国皇家地理学会的人来群岛探险期间，博物学家约翰·斯坦利·加德纳（John Stanley Gardiner）在他的日志中写道，米尼科伊环礁（Minikoy atoll）岛屿的大小和形状会根据各种各样的潮汐潮流而改变，从来都不是始终不变的。虽然这位科学家仅仅是从美学角度考虑这种海洋腐蚀，但是在20世纪90年代，他的同事就已经对马尔代夫的“存亡”发出过警告。

对于地面最高点的海拔居世界最低位的国家（80%岛屿的最高海拔仅有1米，其他岛屿“顶峰”的高度只有2米多）来说，全球变暖导致的海平面上升绝不是一个抽象的概念，而是一个无法忽略的严酷现实。最近的研究表明，在200个有人居住的岛屿上，马尔代夫的大多数男性终其一生都没有游览超过3个岛屿，也从未使用过潜水面罩，而几乎所有当地女性都没有离开过她们出生所在的岛屿，也从未在海洋里游泳过。因此，几乎没有居民对他们国家的面貌有全面的了解，甚至几乎没有居民对藏在绿松石色水面下的珍宝有相关的概念。再者，由于潮汐和风暴的强度越来

越不可预测，他们意识到自己再也不能相信通过观察星星预测天气的传统方法（他们称这种方法为“naiky”）。此外，近些年，群岛北部的12座岛屿已经被遗弃：由于海水入侵，淡水井的井水已经变咸，因此它们再也不适于居住。其结果是，人们都搬到首都马累，40万马尔代夫人中有2/3

P146 伦格里岛（Rangali）的豪华度假村。虽然人们认为群岛上这些旅游机构的数量已经使该岛的生态环境无法持续发展，但是当前政府又同意了在接下来的5年里再建50个度假村。

P146—147 棕榈树、白沙滩和绿松石色的海：如果不采取严厉措施减少二氧化碳的排放，这个天堂很可能会在这个世纪的某个时候消失。难怪马尔代夫是第一个签署《京都议定书》的国家。

的人生活在马累，马累几乎和其他岛屿一样，没有河流和泉水，因此人们只能依赖价格高昂的海水淡化系统使海水可以饮用。

如果从一方面来说马尔代夫政府正在寻找控制海岸不被腐蚀的方法，并通过使用太阳能代替柴油发电机提供电能以控制二氧化碳的排放，那么从另一方面来说他们就无法拒绝来自旅游业的收入。事实上，现在大约有 50 个新度假胜地正在建设中，这些度假胜地将给非常脆弱的沙滩和珊瑚区带来更多的压力。但是，我们都知道，对度假者来说，天堂不能等待。也就是说，只要它继续存在，他们就不会等。

P148 上 一对豹纹海鳝。这里的海洋动物群正在受到气候变暖的影响。2016 年夏，马尔代夫周围海洋的温度创历史新高。

P148 下 一条石斑鱼正在这个群岛壮观多彩的水下堡礁花园里寻找食物，和其他这样的珊瑚生态系统一样，堡礁也容易受到漂白。

P148—149 这个精美的海百合纲动物被称为羽毛海星，是由堡礁提供食物的无数生物之一。

斋沙默尔堡

斋沙默尔堡（Jaisalmer Fort）是拉贾斯坦邦（Rajasthan）最令人难忘的奇迹之一，也是印度一座“长期有人居住的城堡”。然而，大量的游客正危及着这座历史悠久的建筑的完整性。

斋沙默尔堡位于塔尔沙漠（Thar Desert）中心，传说其起源与神有关。据印度神话所说，在摩诃婆罗多战役之后，当克利须那神（Krishna）和英雄阿朱那（Arjuna）正在穿越这片太阳晒干的广阔土地时，克利须那神饱受口渴的折磨，于是他把魔法之矛插入覆满砂石的土地，造出了一汪泉水。紧接着，他又预言，很长一段时间以后，亚达瓦人的一位后裔会在这里建立一座宏伟壮观的城市。几个世纪过去了，直到拉瓦尔·杰伊瑟尔王（King Rawal Jaisal）穿越塔尔沙漠到达这汪泉水处时，遇见了一位贤人，这个人向杰伊瑟尔王展示了刻在石头上的预言，并告诉他，如果他在这个地方建造一座城池，那么这座城池将会拥有一种魔力，这种魔力可以保护他。

不管怎么说，预言实现了。或许，预言的第一部分尚属未定之事，因为拉瓦尔·杰伊瑟尔不是亚达瓦人，而是属于另一个好战的宗族——拉其普特。他确实于 1156 年在这里建立了一座城市，并将其作为王国的首都。由于这座城市是由带金色调的砂岩建成的，它看上去就像一座热带沙漠里的海市蜃楼，在几十米远处就可以看到。

斋沙默尔堡位于一个岩石地基上，上面散布着许多堡垒，其高度和 25 层楼一样高，是拉贾斯坦邦最令人难忘的奇迹之一。这里曾经十分繁荣，而支撑这种繁荣的资金来源主要是关税——对沿着丝绸之路从阿拉伯、非洲、波斯和中亚来到这里的载满货物的骆驼商队和商人征收关税。从哈维利房屋（haveli）中，我们可以明显地看出这里从前的繁荣景象。这种房屋是典型的拉贾斯坦邦房屋，上面饰有用石头做成的奇特花边以及精美壁画。与印度其他被改为博物馆的城堡不同，斋沙默尔堡是一座“有人居住的城堡”——里面约有 2000 居民居住。这座城市 [或许除了属于城池珍宝之一的耆那教寺庙（Jain temple）] 也因为每年到此旅游的

P150 迦底萨加尔湖／水库（Gadi Sagar lake/reservoir）建于1367年，位于城墙脚下，直到1965年，该水库一直是这座城市唯一的水源。随着时间的推移，水库周围耸立起各种寺庙、神殿和亭台楼阁，于是这里又成为居民躲避炎热酷暑的避难所。

P151 黎明时分的金黄色调为斋沙默尔堡两座壮观的城墙增添了一份美丽，城墙蜿蜒曲折，是拉贾斯坦邦的伟大奇迹之一。

相关信息

· 拉贾斯坦邦，印度

· 受威胁缘由：人口过剩、过度的大众旅游

P152 拉吉玛哈是斋沙默尔堡最壮观的建筑之一，它建于15世纪，经历过几次重建。近年来，猛烈的季风雨正在不断破坏它的结构，以致它亟待修复。

P153 城堡主要的大门是为了纪念太阳神苏利耶（Surya）而建。城堡里有2000居民，每年还会有50万左右的游客来到这里——对这个非常脆弱的古城来说，如此巨大的游客数量使它不堪重负。

50万左右游客而繁荣起来。每一座哈维利房屋实际上都变成了精品酒店、家庭旅馆、饭店或有丰富纪念品的商店。

简而言之，为迎合现代大众旅游的需要，整座城池已不堪重负，其结果就是在过去的20年里，它的建筑正在被逐渐瓦解。一些当地人把这个问题归咎于因气候变化而导致的越来越猛烈的季风[1993年暴雨摧毁了250座大楼，包括最古老的拉其普特人住宅——拉尼卡陵（Rani-ka Mahal）]，或2001年摧毁邻邦古吉拉特邦（Gujarat）的地震产生的影响。但是据负责监管许多修复工作的世界文化遗产基金会专家说，城池遭到破坏的主要“嫌疑人”是城池里的供水管道，它们比较原始，部分暴露在外，给建筑结构带来了无法承受的压力。根据最新的计算，现在每天人均日常用水量是120升，至少是这座城池水供给系统在设计时所能提供的水量的12倍。因此，现在急需高技术结构性措施来保护城池里蜿蜒的墙体和精美的房屋，同时也需要居民和游客对城池持更尊重的态度。在不远的将来，除了参观寺庙和哈维利房屋，游客还会发现新香料博物馆里展示的孜然、姜黄根粉和葫芦巴（fenugreek）的秘密。新香料博物馆将被建在旧时的粮仓里——这里曾可储存至少满足城内居民10年的粮食，以防围攻或干旱。

相关信息

· 阿格拉，北方邦，印度

· 濒危缘由：人类活动（污染、大众旅游）

P154 泰姬陵作为莫卧尔王朝的艺术杰作，是印度次大陆最著名的建筑，也是最濒危的建筑。专家估计，几年内这座建筑会向内坍塌。

P156—157 尽管白色的大理石现在由于污染而被染上了一层微黄的色泽，但仍无法改变有着精美花饰和优雅伊斯兰书法的泰姬陵是“一首石头上的爱情诗”这一事实。

泰姬陵

为纪念永恒的爱而建的最著名的建筑——印度泰姬陵可能不会永久存在，因为它正受到像目前有 150 万人口的城市阿格拉（Agra）一样的污染的威胁。

“所有梦想通过的象牙门”是作家鲁德亚德·吉卜林（Rudyard Kipling）对世界上最著名的表示爱的建筑泰姬陵的描述。建造它的人是沙贾汗（Shah Jahan）——伊斯兰莫卧儿王朝的第五位皇帝。这个王朝从 16 世纪到 18 世纪统治着印度次大陆的大部分地区。沙贾汗最爱的妻子阿姬曼·芭奴（Arjumand Banu）在分娩她的第 14 个孩子时不幸去世，享年 38 岁。为了纪念爱妻，沙贾汗为她建造了泰姬陵。

为使爱妻被永远铭记，沙贾汗在阿格拉城市边缘的亚穆纳河（Yamuna River）上选择了一处弯道作为建造陵墓的地点。这是一项巨大的工程。皇帝命人从拉贾斯坦邦用水牛车拉来最白的大理石，用双峰驼运来天青石，用藏牦牛从遥远的地方运来绿松石，除此以外，他还命人从阿拉伯半岛运来珊瑚礁、从斯里兰卡运来红宝石，但这些珍贵的石头并未被全部采用，而只是从其中选出两种被用来装饰建筑的墙面。这座陵墓的完成共历时 15 年，动用了 2 万劳工。泰姬陵的顶端为一个圆顶，围墙的四个角落建有四座宣礼塔，四周是一座代表天堂的花园。皇帝沙贾汗还修建了一座清真寺和一座宏伟的大楼来容纳访客，在其入口处刻有由当时国家著名书法家题刻的《古兰经》经文。

虽然泰姬陵是由饰有各种纹饰的大理石砖和砂石建成，但它看上去就好像是漂浮在河流和天空之间一样。大多数游客可能没有注意到那些组成精美花纹装饰图案的部分珍贵石头已经消失——几个世纪以来，这些珍贵的石头遭到不法分子的偷盗，取而代之的只能是多彩的水泥浆。可能游客们也没有注意到整个陵墓的颜色已经不再是代表着沙贾汗国王对妻子纯洁的爱的绝对白色，而变成了因常年污染所致的微黄色。像阿拉格这样有 80 万车辆流通、150 万人口生活的城市所造成的污染值往往远远超过城市污染的危险点。于是众多环境保护积极分子开始开展有力的环保活动，他们决定把一座冶炼厂和其他重工业企业搬到离城市很远的地方，同时禁止汽车、长途公共汽车和电动人力车在距离陵墓 1 千米以内的地方行驶，但不幸的是，这些措施并没有阻止陵墓外观的不断恶化。

此外，陵墓的稳定性是一个更大的问题。据估计，在接下来的 10 年里，陵墓可能会倒塌，因为陵墓是一个位于亚穆纳河水域之上的由水井、木基和输水管组成的复杂系统，而现在的亚穆纳河是城市垃圾的一个倾倒场，它已经成为一条散发着腐臭味且布满垃圾的河流，在某个时期还会完全断流，导致陵墓的下方被架空，十分危险。到目前为止，建筑结构的修复和巩固工作进行得断断续续，且质量低下。事实上，为拯救这个建筑瑰宝而开展的最值得称赞的活动是由民间协会发起的，他们开展了一项动员人们清理河流的活动，并在阿拉格城市地区种植树木，希望绿色植物能让这个壮观而又脆弱的人间天堂周围的空气变得更健康。

阿旃陀石窟群

大量游客的呼吸、工业污染和蝙蝠的活动足以给印度最伟大的佛像佳作之一——阿旃陀石窟的完整性造成威胁。

莲花手菩萨壁画描绘了在左手拇指和食指之间优雅地拈着一朵莲花的佛陀，他的头由于沉重的王冠而前倾，眼睛微睁，表情透露出一种庄严感和永久的平和。他的周围是一大群欢乐的乐师、信徒、猴子和孔雀。相反，辛巴拉绘画（Simbala painting）则描绘了一个残酷的场景，在这个场景里，一个菩萨把一队男人从性感血腥的女恶魔部落挽救出来。这只是大量非常详细地描绘《本生经》（*Jataka*）情节的代表作中的一个小样品。《本生

经》就是叙述佛陀在他到达涅槃的路程中描述其各种不同化身的神圣经文。公元 4 世纪和 5 世纪，这些作品被绘制在了阿旃陀的 30 个洞穴里，在笈多王朝，它们立刻成为印度非同寻常的艺术和宗教见证，也是描绘印度习俗的生动代表作。

第一位看到这些奇观的西方人是一位名为约翰·史密斯（John Smith）的英国骑兵军官，在德干森林的一次猎虎活动中，他看到了这

P158 支提－格里夏窟（Chaitya-griha）是佛教建筑准则里用来定义洞穴的术语，这种洞穴的特点是有一个内部列有圆柱的大型中殿，且中殿一端的佛塔上有一尊佛陀雕像。

P158—159 一尊祥和的代表祝福的佛像浮雕，其位于一个毗诃罗窟里。毗诃罗窟是这座不同寻常的石窟建筑群中的洞穴寺院之一，在公元 5 世纪，这个建筑群中曾住着 200 名僧侣。

相关信息

· 马哈拉施特拉邦，印度

· 濒危缘由：环境退化、污染、大众旅游

些奇观。1819年，他在到达瓦戈拉河（Waghora River）边缘时看见了一个令人完全难以置信的场景：在一个呈圆形露天竞技场形状的玄武岩悬崖上，他发现许多通路，其中大多数通路无疑是人类从岩石中开采出来的。他带着一把火炬爬上悬崖去探索里面的洞穴，在那里，他发现了有拱形天花板大厅、刻有浅浮雕雕像的圆柱和绘画作品。每个洞穴的后面都是一尊大型佛像，佛像耸立在一座圆顶状的寺庙或佛塔之上。

为使自己的这一发现被人铭记，约翰·史密斯在一尊菩萨的墙画上刻下了自己的名字，这标志着人们（首先是英国学者，然后是印度考古调查成员）对这个遗址详尽研究的开始，而这些研究还在进行中，这也成为后来许多人的习惯做法——留下表示他们参观过的相当不尊重的标志。

几个世纪以来，这片著名的岩石中的寺庙和修道院建筑群掩映在一片人们难以到达的森林中，大约有200名僧侣住在这里。

但是现在它位于一条连接奥兰加巴德

（Aurangabad）和孟买（Mumbai）两座城市拥挤的高速公路旁，每天约有 3500 人参观，这些人通常带着火炬，在守卫的随同下来到这里，而这里的守卫不仅数量太少，而且多数玩忽职守。大量游客的呼吸足以使洞穴里的湿度等级上升，而湿度又有利于玄武岩岩石上喇叭粉石蕊地衣的生长，这种地衣会蚕食壁画上精美的颜色及古代僧侣用泥和米粉的混合物制成的壁画底层。除了大众旅游造成的损害，附近奥兰加巴德的工业污染和蝙蝠的排泄物里的酸也会对壁画造成损害，但却没有人会去费心赶走这些蝙蝠。

虽然为了保护壁画，专家正在评估往画上覆盖一层环氧树脂保护层的可能性，但是就目前来看，为保护阿旃陀石窟群所应采取的唯一措施就是将每次参观的人数上限控制在 20 人。此外，出于保护角度而在悬崖脚下另建的 4 座主要洞穴的复制品似乎并未收到预期的效果，其原因也是可以理解的：那些不远万里来此参观的人们无疑是不会对复制品感到满意的。

P160 这尊侧卧的岩石雕像长度超过 7 米，是阿旃陀的佳作之一，位于 26 号洞穴，这是他圆寂瞬间的状态。

P161 30 座洞穴中的一座洞穴里，排列着众多菩萨雕像。阿旃陀的雕像及绘画标志着印度佛教艺术的巅峰，因此必须得到更有效的保护。

P162—163 17 号洞穴壁画上的阿帕萨拉（Apsara），又称“天上的舞者”。岩石大厅的湿度有利于一种地衣植物的生长，这种地衣实际上正在蚕食壁画的颜色和古代僧侣用泥和米粉的混合物制成的壁画底层。

加德满都河谷建筑

自从2015年4月发生可怕地震以来，尼泊尔对那些卓越非凡的古代寺庙和楼宇的重建工作已经在如火如荼地进行。对尼泊尔人来说，这些古代寺庙和楼宇是他们的神明存在的“现存”证据。

2015年4月25日上午11点56分，一场7.8级的大地震给尼泊尔带来了一场灾难——震中所在的整个村庄在地震中被夷为平地，遇难人数超过8500人。在喜马拉雅山山脚的河谷里，坐落着尼泊尔的首都——加德满都（Kathmandu），这里大约有400座历史建筑被毁，其中至少有35

座沦为一片碎石之地，这35座建筑均已列入联合国教科文组织《世界遗产名录》。

尼泊尔无疑不是第一次发生这种灾难。1934年，一场8.1级的地震曾造成更严重的损害，这也是尼泊尔历史上最猛烈的一场地震。当时，重建工作进行得很随意，而且尽管在接下来的10年里有很多关于使加德满都河谷特殊的历史、艺术和宗教遗产变得更稳固的讨论，但是没有一项措施被加以实施。除此之外，河谷区曾经不加约束地进行城市化，即在加德满都、帕坦（Patan）和巴克塔普尔（Bhaktapur）之间存在一段连续的城市扩张期——这些城邦间总是相互处于战争状态，直到1768年马拉王朝期间它们合并成一个王国。这一切共同导致联合国教科文组织在2003

P164 古城帕坦（Patan）具有纪念意义的建筑群，建于公元前 3 世纪。它是加德满都河谷中最古老的皇家都城，然而地震发生后的第二天，这里沦为一片碎石之地。

P164—165 在帕坦杜巴建筑群的废墟中工作的抢险救援队和志愿者。由于国际援助，现在加德满都河谷保护信托基金也加入了寺庙和其他建筑的重建工作中。

相关信息

· 加德满都、帕坦、巴克塔普尔、博大哈佛塔、斯瓦扬布纳特寺、帕斯帕提那寺，尼泊尔

· 受威胁缘由：地震破坏

年决定把这里的建筑列入《世界濒危遗产名录》。

现在我们可以期待更明智而有效的重建工作。在最新的重建工作中，除了得到来自中国、印度和澳大利亚的慷慨捐款和资金援助外，这些建筑的修复质量还取决于尼泊尔人自己的能力和其重建筹备程度（近几年，尼泊尔的手工艺正在逐渐被当地年轻人抛弃，这可能会导致这里富有特色的传统精致工艺技术传承的终止）。对尼泊尔人来说，寺庙和古代楼宇不仅仅是建筑，它们还鲜明地展现出当地人信奉的神明和其各种仪式举办的场地，而这些起源已迷失在时间的迷雾中。

世界上几乎没有哪里的日常生活弥漫着神秘气氛，但是在加德满都河谷，这种气氛是可以被切实感受到的，加德满都河谷有大量印度教和佛教建筑，且这两种宗教之间有明显的融合。在这里，每座古城邦的核心都是杜巴宫廷（“杜巴”是一个通用术语，在这里指由石和砖建成的寺塔建筑群，建筑群包括：拥有雕刻精美的木窗木门的建筑、饰有雕像的庭院和位于皇宫前面的喷泉）。虽然帕坦杜巴广场［Patan Durbar Square，限定在 4 座佛塔（圆顶形状的佛教圣殿）之内，据说这是在公元前 250 年根据

P166—167 加德满都杜巴宫廷的一组壮观的寺塔。在这片地区的许多游览胜地中，有库玛丽女神的神圣家园。库玛丽女神又被称为“活女神”，从尼瓦尔人的小女孩中选出，受到印度教教徒和佛教教徒的崇敬。

P168—169 斯瓦扬布纳特寺（Swayambunath stupa）佛塔顶端耸立着一座绘有佛眼的塔（可以从这张地震发生前拍摄的照片中看到），塔上的佛眼从高处俯视着尼泊尔的首都。这座佛塔和博大哈佛塔是河谷里生活的藏族群体的活动中心。

P169 帕坦一个销售神圣雕塑商品的商店。世界上几乎没有哪里会像这里一样，有着一种切实的神秘气息，这里的宗教仪式已成为当地人们日常生活不可分割的一部分。

阿育王（Emperor Ashoka）的命令设计而成] 最大且寺庙最多，但是在巴克塔普尔杜巴广场（Bhaktapur Durbar Square）有一座皇宫被认为是集尼泊尔艺术之大成者，即一座拥有 55 扇窗户的宫殿。而加德满都杜巴广场拥有库玛丽女神(Kumari Devi)宫殿。库玛丽女神又称“活女神”，她通常是从居住在河谷里的年轻女孩中被选出，在其进入青春期之前担任塔蕾珠女神(Taleju)的化身这一“ 职位”。当地人认为“女神”拥有异于常人的洞察力，可进行预言，因而受到当地人们的供奉。

在河谷里有许多吸引印度的信徒的朝圣地，如为纪念湿婆神（Shiva）而建的帕斯帕提那寺（Pashupatinath），其坐落在巴格马蒂河（Bagmati River） 河岸，是举行火化仪式的地方。这里还有博大哈佛塔（Boudhnath）建筑群和斯瓦扬布纳特寺（Swayambhunath）建筑群，它们至少有 2000 年的历史。这些建筑群中有世界上最大的佛塔，这种塔顶端有一个绘有佛眼的立方体，周围是几十个叫作“贡巴”的寺院。

相关信息

· 四川省，中国

· 濒危缘由：人类活动（工业污染）

P170—171 一个全景平台为游客提供了近距离观看乐山大佛面部的机会。乐山大佛是一尊宏伟壮观的弥勒佛佛像。

乐山大佛

这尊世界上最大的佛像是为了保护水手和航海家免受汹涌河水之灾而雕刻的，但是现在，人们必须救它于酸雨的危害之中。

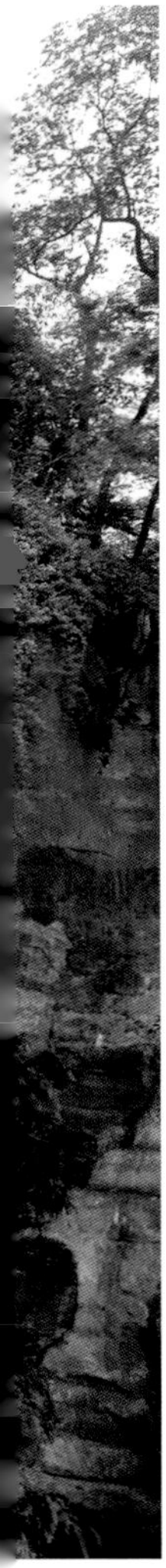

峨眉山（Mt. Emei）被认为是中国四大佛教名山之一，放眼望去，这里是一片独特迷人的深谷风光——变幻莫测的云雾笼罩着这里茂盛的亚热带和温带森林。据说，在海拔 3000 米以上的高空下望，可看到峨眉山有两峰相峙，其形状就像一位年轻貌美的中国女子的弯弯细眉，峨眉山因此而得名，意为“纤美之眉”。相传这里是普贤菩萨（Samantabhadra，由于教导人们如何冥思静想而作为“本初佛”或“真理佛祖”受到尊崇）第一次布道，并把佛教引入中国的地方。

最后一种说法被认为是得到了印证的：在公元前 1 世纪，峨眉山地区几乎到处都是普贤菩萨在通往觉照过程中各个不同阶段的佛像和一百多座庙宇，但是这里最著名的珍宝是乐山大佛。乐山大佛位于峨眉山山峰对面，地处岷江、大渡河和青衣江三江汇流处，建于唐朝时期，更确切地说是从公元 713 年（唐玄宗开元元年）到公元 803 年（唐德宗贞元十九年）期间。相传，建造这座大佛雕像的灵感来自一个叫海通（Hai Tong）的和尚，他预言在这里建造这座佛像会保护过往的船只免遭汹涌河水之灾。这一预言被事实证明真的“应验”了：因为在悬崖表面进行立体浮雕雕刻期间，大量被雕刻下来的石块落入河中，这使得河道偏离，从而大大减小了河流的汹涌程度。

乐山大佛的面部刻有几乎让人感觉不到的安详的微笑；他临江危坐，双手抚膝，为一尊弥勒佛。乐山大佛雕像高 72 米，宽 28 米，是现今发现的世界上最大的雕像，也是世界上最高的佛像。大佛仅头部就有 15 米高，鼻子 6 米高，而他的脚趾有近 3 米长。几个世纪以来，它一直被数百万朝圣者亲切地抚摸，以表示他们的虔诚。这尊庞大的雕像上唯一不是从悬崖表面雕刻的部分是耳朵，它们先由木头雕制，然后在其外部以黏土和灰泥覆制并塑造而成。然而这一伟大建筑作品最惊人的一面却隐而不见——用以排走雨水的复杂排水系统，正是这“神秘”的排水系统在这么多世纪以

来一直保护着这尊雕像的整体结构。

尽管如此，今天的乐山大佛依然难逃厄运，它正受到一种唐朝工匠无法预见的灾难的威胁：四川省近代大型煤炭工厂的发展。这些工厂排放出的有毒物质最终转换成酸雨飘落到这座城市的土地上。酸雨不可避免地腐蚀这座雕像。它已经导致大佛的鼻子变成黑色，卷曲的头发开始残破。此外，这里不加约束地发展旅游业，使得这一问题更加严重。中国新的接受能力和对全球市场的开放已经彻底改变了峨眉山地区“持久平和”的氛围，现在这里已经拥有空中索道、单轨火车和数百家纪念品商店。

P172—173 一位工作人员正在清理大佛巨型脚上的苔藓。大型煤炭企业导致了酸雨的形成，对建筑造成了严重损害。

P173 雕像上到处可见污染造成的黑暗的铜绿，这尊雕像于 1966 年被列入联合国教科文组织《世界遗产名录》，每年都有数百万游客前来参观。

相关信息

- 中国
- 受威胁缘由：环境退化、大众旅游

P174 只有在某个严冬的黎明时分，当大雪覆盖一切时，才有可能欣赏没有大群游客的北京八达岭长城。

中国长城

虽然说“长城是唯一一个可以从外太空看见的人类创造结晶”这句话并不正确，但是长城的确是人类建造的最庞大的建筑。这项工程曾阻挠了蒙古人对中原的进犯，现在却深受市场经济的伤害。

在2012—2013年，加拿大宇航员克里斯·哈德菲尔德（Chris Hadfield）在国家空间站度过了5个月，对无数不断问他同一个问题的追随者，他在社交网络平台推特(Twitter)上回复道：“在太空中用肉眼并不能看到中国长城。”他补充道：“它太窄了，而且它与地形自然的起伏、轮廓和颜色相一致。”

因此“长城是唯一一个可以从外太空看到的人造建筑”只是一个都市传说（在这种情况下，也可以说是宇宙传说）。但即使是从概念角度，也绝不会削减它的宏伟。毕竟，这是有史以来最庞大的人造建筑。这一系列非同寻常的防御壁垒建筑工程始于公元前5世纪，以阻止蒙古和满洲游牧民族的入侵，但是其大多数工程建于明朝1368—1644年。当它竣工之时，这座城墙绵延万里而没有中断。但由于其超长的长度和建筑时间，其分别建造的各部分自然相差很大。例如，那些跨越沙漠的城墙部分是用夯土建成的，而依山分布的部分城墙是用附近采石场里开采出的石头建成的，还有一部分是用烧结砖建成的。同样，瞭望塔的建筑风格彼此相异，其间的距离也各不相同。

由于长城是作为防御系统而建立的，因此从汉朝时期的胡人入关到20世纪30年代日本军队的侵略，它受到过无数次攻击。

现在的长城每年都会吸引几百万游客前来参观。八达岭段长城因绵延在陡峭嶙峋的群山之巅而壮美、迷人，因此大多数人都会前往北京八达岭这一段景色独特的城墙参观游览。从北京市区到八达岭长城大约有70千米远。八达岭长城的城墙修复方式没有很好地做到修古如古，简单说：它看上去不像是明朝时期的建筑，反而更像是迪士尼里的东西。更不甚理想的是，在城墙的旁边就是纪念品商店、快餐店、游乐园、索道缆车和巨大的停车场，附近还规划了一个别墅建筑群，这恐怕会令中国的一部分富豪十分欣喜。当然，也并不是只有这一段长城令人忧心，其他段长城也都存在着不同的隐忧。例如在甘肃省，长城城墙的一部分被让与当地的农民使用，他们用水泥对城墙进行修复，甚至在城墙外开设大门向游客售卖门票。此外，有些身手矫健的游客则会攀爬未向游客开放的部分城墙，这使得城墙上那些脆弱的砖块在攀爬者的攀登之下摇摇欲坠。

然而，对长城城墙的破坏中，最令人费解的恐怕还要数拆毁一部分城墙建造八车道高速公路，以连通一直以来的隔绝区域。

加里曼丹和苏门答腊森林

这些森林和亚马逊雨林是我们地球上的绿肺，也是猩猩和最后尚存的野生苏门答腊虎的家园。但是它们现在不得不为规模庞大的农产品商业发展让路。

在印尼语中，“猩猩”是指“森林中的人”。尽管在大型灵长类动物中，这种生物是人类最遥远的亲属——也是唯一生活在亚洲的亲属——但是它具有同类动物中非同寻常的智力，且和其他猿类的幼崽相比，它的幼崽与人类的新生儿更像。我们所知道的关于这种猩猩［生活在婆罗洲森林（Borneo）的婆罗洲猩猩和苏门答腊特有的苏门答腊猩猩］的一切都要归功于美国灵长类动物学家比卢特·玛丽·葛莱迪卡斯（Birutė Mary Galdikas）所做的研究，她在1971年（当时她年仅25岁）的时候来到加里曼丹（Kalimantan），自此便在那里生活，与这些动物共生共存。

这位科学家写了许多关于猩猩以及被称为地球之“肺”的印度尼西亚森林和亚马逊雨林的特殊多样性的作品。她还写了一本回忆录，名为《伊登的思索》（*Reflections of Eden*），讲述了她第一年生活在森林里的经历。在几个热情的土著居民［迪雅克人（Dayak）］的帮助下，她在那潮热的“绿色地狱”里搭建起帐篷——这一定很不容易，但是她在作品中很清

P176 这里看到的滚滚浓烟来自一场有计划的森林焚烧，这里曾是苏门答腊亚齐省（Aceh）的一片原始森林。人们用刀耕火种的方法清理土地，从而种植油棕植被。

P176—177 没有森林，风景将是一片荒芜。集中生产植物油的背后是对财富的渴望，这导致印度尼西亚变成世界上二氧化碳排放量第三的国家。

相关信息

- 印度尼西亚
- 受威胁缘由：人类活动（砍伐森林）

楚地表明，所有这些劳累和努力都使她在这片庞大森林的自然和审美价值中得到了更多的补偿。森林里高大稠密的树冠是保护可爱的猩猩、老虎、犀牛、侏儒象、云豹、大量猴类物种以及拥有多彩羽翼的鸟类的家园。当然，这里还有大量的昆虫，有许多昆虫的体型很大，还有一些昆虫十分危险，被它们叮咬会致命。那里地面上生长着许多兰科植物，它们颜色鲜艳，具有刺激性的气味——有的气味只是刺鼻而已，而有的则会令人感到恶心。它们还会依附在树干上生长，好像是为了增添树干的美。和兰科植物一起生长的是一种世界上最大的花——大王花。

但是，比卢特·葛莱迪卡斯的伊登不再存在，因为婆罗洲森林和苏门答腊森林——分别位于世界上第三大岛和第六大岛——已经成为 21 世纪最大的生态灾难之一的牺牲品。在过去 30 年里，它们的面积缩小了一半，据估计在接下来的 20—30 年里，剩下面积的 70% 将会遭到砍伐，而与此同时，许多印度尼西亚特有的动物极有可能只能在圈养下存活。这里猩猩的数量正在以惊人的速度减少，犀牛和老虎也同样如此——目前这里的犀牛只有 100 头，老虎大约有 250—400 只。这两座岛上有超过 200 万公顷的原始森林是官方保护区，但是这些领地的大部分区域已经退化，如比卢特·葛莱迪卡斯的檀中埠廷国立公园（Tanjung Putting National Park）。

P178 猪笼草（翼状猪笼草）。这是加里曼丹森林里 50 种肉食植物中最壮观的植物。这里有 15000 种罕见的热带植物，其中有 3000 种是树栖植物，1700 种是兰科植物。

P179 大王花是世界上最大的花，又称“腐尸花”，它的直径可以超过 1 米，重量可以达到约 10 千克。由于它恶臭的气味，迪雅克人称它为“腐肉花”或“尸腐花”。

导致这一灾难的是地方管理部门的问题。当地疯狂地扩大农业综合企业的发展——为给油棕榈树和金合欢树的单一栽培腾出空间，数百万公顷的森林遭到砍伐。这种油棕榈树原产于非洲，更确切地说是几内亚（Guinea，从其学名 Elaeis guineensis 可以得知），能产出世界上使用范围最广的植物油，这种植物油用于大多数食品、人造奶油、巧克力和化妆品的生产，此外，它还是生物燃料的原材料。金合欢树同样是外来物种，这种树的大面积种植是为了生产纸浆，以满足全球对生活用纸的需求。

P180—181 一只庞大的猩猩，这种猩猩是亚洲仅存的大型灵长类动物。据世界自然基金会估计，森林砍伐导致这种猩猩的数量减少了 1/3。

P181 并非只有栖息地的失去威胁着这里的猩猩的生存。最近研究表明，这里每年都有 200—500 只猩猩幼崽被猎捕，以作为“宠物”而非法出售。

总之，砍伐森林、为“清理”即将用于农业种植的土地而进行的有计划焚烧、转化油和纤维素的工厂污染，以及工业废料的分解——这些共同导致了印度尼西亚成为第三大二氧化碳制造国。然而，就像葛莱迪卡斯（博士）在她的众多讲座中所一直强调的，“她的”健康的森林通过光合作用产生的氧气对我们努力阻止人类活动导致的气候变化至关重要。不言而喻，这位科学家和世界自然基金会以及其他国际组织走在了“挽救‘她的’伊登的最后一片田地”这一活动的前沿。

帕劳南部潟湖石岛群

海洋湖泊、复杂的堡礁生态系统以及400多座郁郁葱葱的绿色小岛——它们共同构成了一个大自然的杰作和一个特别的实验室。在这里，科学家可以观察人类海洋的未来。

它们的数量有数百万，每一个都像穿着芭蕾舞短裙的舞者一样漂浮在水面上，似乎正在上演一场精心设计的演出，而非一次偶然的现身——它们就是体型微小的金色水母，生活在帕劳（Palau）当地人所谓的水母湖中。水母湖是艾尔莫克岛（Eil Malk，石岛群分支上的一座岛屿）上约12个小湖泊中的一个，通过一系列水下裂沟和运河与海洋相连。事实上，这里有400多座火山形成的岛屿，全部无人居住且植被茂盛，它们就像蘑菇一样出现在蓝绿色的湖泊上，形成一幅激动人心的画面。

在地理学上被描述为帕劳南部潟湖石岛群的地方最近被列入联合国教科文组织《世界遗产名录》。南部潟湖石岛群的四周是复杂的珊瑚礁生态系统，其中包含400种珊瑚和多种栖息地，地方特有性的比例很高，除了我们在其他海域"常见"的小而精美的多彩鱼类，这里还有儒艮和13种鲨鱼，因此，这里被誉为"帕劳的浮动花园"，并被潜水爱好者所推崇。

人们可以很容易地想象到，作为一个拥有2万人口的小群岛国家，帕劳正受到气候变化以及因此而导致的海平面上升的威胁。许多人都在担心淡水资源减少、沿海农业衰退以及石岛群上小型海洋湖泊（世界上小型海洋湖泊最集中的地方）的命运和堡礁的健康。和其他地方一样，这里的海洋吸收大气中过剩的二氧化碳，二氧化碳与水分子反应，导致海洋酸化，这一过程又会减少周围珊瑚和软体动物体内的碳酸钙含量。

科学家已经选择南部潟湖石岛群作为一个特别研究对象，以确定珊瑚礁是否能够适应以及如何适应新的气候条件，并推断此处的珊瑚在未来的发展情况。通过研究，我们得到的好消息是，在导致珊瑚被漂白的长达10年的海洋环境退化之后，南部潟湖的堡礁系统对不断变化的气候的适应能力比其他任何地方都要好。

一方面，石岛群周围的海洋是研究未来环境的实验室，另一方面，岛屿本身也为科学家提供了一幅反映在过去影响气候变化因素的生动图像。

相关信息

· 科罗尔，帕劳，密克罗尼西亚

· 受威胁缘由：气候变化（海平面上升）

P182—183 445 座无人居住的火山岛构成了帕劳的石岛次级群岛。它们形成了典型的“蘑菇”形状，岛上植被覆盖，且有 52 个海洋湖泊。

P184 贝里琉墙（Peleliu Wall）是帕劳最壮观的潜水地点之一。贝里琉岛水下有精美的珊瑚花园，这里还是大型鱼类的家园，其中有 13 种鲨鱼和鳐鱼。

P185 帕劳堡礁位于太平洋三大洋流的汇合地带，生物多样性极其丰富，有 1500 种鱼类及 700 种珊瑚和海葵。

P186—187 巴布亚硝水母，又称“金色水母”，生活在艾尔莫克岛的一个湖泊里，其外形精美绝伦且对人体无害。这些湖泊是独特的水体，也是对进化和物种形成进行科学研究的珍贵的自然实验室。

事实上，这些岛屿有无数小型人类群落的遗址（石头避难所、墓地、涂鸦、用于栽培的小块梯田），这里的人类在此繁衍生息了 3000 年，直到 17 世纪气候变化迫使他们抛弃岛屿，迁到更大的科罗尔（Koror）岛，即现在帕劳的首都所在地。那时的气候变化和当前的现象正好相反：海平面下降和干旱导致居民可享用的自然资源急剧减少。考古学家的发现还展示了缺少复杂技术的人类群落是如何积极应对气候变化的。

相关信息

· 巴拉地区，西澳大利亚，澳大利亚

· 受威胁缘由：人类活动（由于采矿活动造成的破坏和污染）

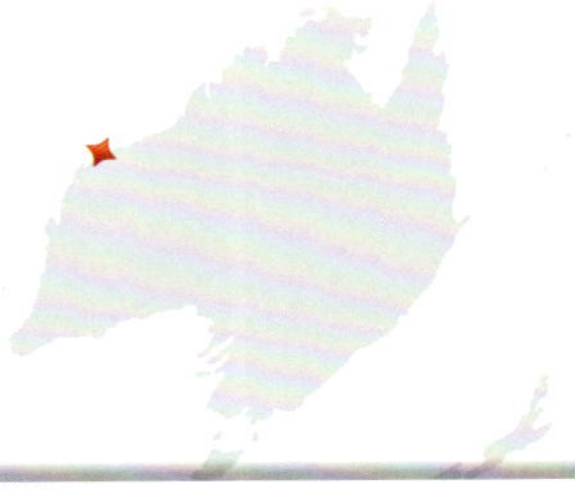

P188—189 深谷位于布鲁普半岛，那里是世界上最大的岩画集中地，大约有 1 万件岩画，时间可以追溯到 6000—20000 年前。不幸的是，这些珍宝位于一座重工业工厂附近，处境十分危险。

丹皮尔群岛岩石壁画

大约 2.5 万年前，第一批澳大利亚居民开始在这些岛屿上进行岩石雕刻，这些雕刻又被称为“岩画”。现在这些独特的土著艺术作品大约有 100 万件，但是它们正遭受着现代“化石燃料文明”的攻击。

丹皮尔群岛 [Dampier Archipelago，当地土著人又称“穆鲁巨噶”（Murujuga）] 的岛屿并非一直都是岛屿。大约 3 万年前，当第一批土著人开始占领西澳大利亚时，这里还是一座海拔 100 千米的陡峭山脉，植被丰富的山谷和泉水隐匿在山脉之中，这里的居民也因此而得以在这里定居。这里的土著居民创作的岩画是世界上已知的最古老的艺术形式，至于他们何时开始创作，我们无从得知。但是，据考古学家估计，他们大约在 2.5 万年前开始在岩石上雕刻象征符号，而且，他们这样雕刻了数千年——即使当海平面逐渐上升，导致曾经的土地变成了拥有 47 座半贫瘠岛屿的群岛。

最古老的岩画上所刻画的内容通常是人的面部（这让人想起了今天无所不在的笑脸图案）和意义令人捉摸不透的几何图形——或许它的意义与宗教信仰有关。后来，就像大多数狩猎采集文化一样，土著人开始在岩石上雕刻动物和那些配有回力镖的猎人。这个时期的岩画上，动物的描绘特别精确，这一点令人钦佩不已。此外，这些关于动物的岩画还可以说是一个名副其实的动物群灭绝物种“目录”：从巨型多刺食蚁兽到尾巴巨大的袋鼠和著名的塔斯马尼亚虎，不一而足。再后来（即 6000 年前），当海洋改变了当地人的生存环境时，这些土著人又开始在岩石上刻画他们的新猎物：鱼、甲壳类动物和儒艮。总之，在整个群岛的约 2500 个地点，大约发现有 100 万件岩石雕刻。考古学家还在这里发现了营地、采石场和仪式场所的遗迹，其中仪式场所是由可以追溯到 4000 年前的立式石头建成的围墙构成的。理所当然的是，就像那被传颂的澳大利亚土著神话中的黄金时代歌曲里所描述的那样，这些地方是当地土著人神话里不可分割的一部分。

自 20 世纪 60 年代以来，丹皮尔岩画已经成为人们的研究对象。1980 年，《土著遗产法案》还对这些岩画给予了某种形式的保护，但是直到2007年这个地区才作为“对国家具有重大意义的自然的、历史的和土著的地方”而被列入“澳大利亚遗产名录”里。然而，群岛拥有丰富的铁矿、天然气和石油（2007年，从这里开采的铁矿占澳大利亚出口总额的1/3），现代社会对这些矿产、能源的需求已经导致这里发生了不可逆转的变化。最大也是与澳洲大陆最近的岛屿已经与大陆的海岸线相连，它的名字被改成“布鲁普半岛”（Burrup Peninsula），1968年，这里还建立了一座城市——卡拉沙（Karratha），现在是澳大利亚第二大通商航行港口城市。虽然在建造采矿工厂期间，人们肆无忌惮地推倒刻有岩画的岩壁来修建公路和管道，但是对于这些岩画来说，最严重的破坏来自重工业污染，因为酸雨不断腐蚀着这些古老的雕刻。与此同时，捍卫布鲁普的运动由学者、专家、土著群体以及澳大利亚各个地方的市政当局发起，他们正在积极游说，从而控制这个地区工业的进一步发展对遗迹的破坏。丹皮尔还是澳大利亚唯一一个列入世界文化遗产基金会濒危文化遗址的地方。

P190 岩石上描绘了一只针鼹鼠的祖先，即多刺食蚁兽。丹皮尔岩画构成了一个已经灭绝数千年的动物群物种目录，令人感到惊叹。

P190—191 30000 年前，土著人在丹皮尔群岛的一处岩石遗迹上雕刻了鸸鹋的脚印。由于这个地区含有丰富的铁矿、天然气和石油，这些精美的作品正受到巨大的经济利益的威胁。

相关信息

· 昆士兰州，澳大利亚

· 受威胁缘由：气候变化，人类活动

P192 温度上升正在加剧珊瑚的漂白，因此大堡礁的命运在澳大利亚激起了一场激烈的政治辩论，使环保协会和旅行社同时感到不小的压力。

大堡礁

海洋温度的上升、人类活动以及珊瑚“杀手”棘冠海星（Acanthaster planci）都在威胁着我们地球上最特别的海洋生物中心的健康。

地球表面一道极其狭长的白色裂缝——这是宇航员对从外太空唯一可以看到的生物体的描述。大堡礁延绵 2000 多千米，位于澳大利亚东海岸，占地面积约 4000 万公顷，但事实上它并不是一条“直线”。它是由 2900 个连通的珊瑚礁和数百个珊瑚岛和大陆岛组成的综合体。无疑，它的“珍宝”就是 400 多种珊瑚物种，但真正令人惊叹的是由于潮汐重新形成的白色沙滩、大片的红树林以及水下一望无际的海藻（是地球上 20% 物种的家园）和颜色美得令人难以置信的海绵花园。这里还有许多动物：罕见的儒艮、座头鲸、7 种尚存海龟物种中的 6 种海龟，还有最大的苏眉鱼，这些动物和其他 1500 种鱼类、甲壳纲动物、海洋微生物共同生活在这个生态系统中。

总之，大堡礁是我们地球上海洋生物的中心，也是最令人震惊的奇迹之一。事实上，每年有超过 300 万名游客随旅行团来到这里，为澳大利亚的经济贡献了 54 亿美元，同时创造了 6.4 万个工作岗位。其实，来到这里的 87% 的游客只参观了大堡礁 10% 的地域——主要是凯恩斯（Cairns）和圣灵群岛（Whitsundays Islands）之间的地方，而大堡礁的南端和北端仍然有部分地域未被开发。例如，在南部地区，只有一些从格莱斯顿镇（Gladstone）乘船去赫伦岛（Heron island）和威尔逊岛（Wilson island）的幸运游客能够观看到珊瑚大规模繁殖的奇观——只有在 11 月和 12 月某个神奇的夜晚，潜水者才能在这里观察到珊瑚如暴风雪般戏剧性地释放出卵子和精子这一神秘的自然现象。

2015 年联合国教科文组织发表了一份文件，声明至少现在不将大堡礁列入《世界濒危遗产名录》，但是考虑到气候变化的负面影响，它也提醒澳大利亚政府要以官方形式采取措施来挽救这个珍贵的地方。几乎就在联合国教科文组织发表这份文件的同时，澳大利亚公共电视台播放了理查德 · 阿滕伯勒（Sir Richard Attenborough）导演的关于礁类现状的纪录片，因此这份文件在国内再一次掀起骚动，这激起了一场政治辩论，其中涉及环保协会和旅行社。旅行社为此十分忧虑，他们担心关于礁类健康的宣传会对这里的旅游业产生负面影响。

但是事实证明，这并没有对旅游业产生负面影响，2016 年夏天（近年来最长、

最热的夏天），他们见证了来自世界各地的游客数量的不断增加。换句话说，人们都想在大堡礁环境恶化得无法欣赏之前去亲眼看看它的壮美，由此给这里带来了“旅游热”。而今天，在珊瑚礁中属于滨珊瑚属（*Porites*）的 93% 的硬珊瑚已经有了漂白的迹象。

异常的高温会导致海水酸化，海水酸化又会扰乱珊瑚和其组织中藻类的生物关系，这时就会发生珊瑚漂白的现象，这种现象又称珊瑚类“骨质疏松症”。虽然这种现象很严重，但它并不一定致命，因为这里的珊瑚和世界上其他地方的珊瑚一样，向人们展示了它们对“骨质疏松症”很好的复原力。然而，温度的进一步上升和更加频繁剧烈的热带风暴及人类活动对其造成的直接破坏很可能加重这一情形，例如沿海城市发展、任意捕鱼、工业和农业的倾倒行为，以及大众旅游的负面影响。此外，农业化肥流入大海导致了棘冠海星大量

P194 在由 2900 个连通的堡礁夹杂着岛屿和潟湖组成的这一系统中，狭长的沙地只是它的奇观之一，沙地的形状和大小会随着潮涨潮落而改变。

P194—195 一幅白天堂海滩（Whitehaven Beach）的全景图。白天堂海滩是圣灵群岛最受欢迎的旅游胜地，来大堡礁的游客中有 87% 会参观这里，而大堡礁尖端的大片地域却几乎未被开发。

P196 上 大堡礁里生活着约2500种海绵。海绵的根本功能是在生物侵蚀作用过程中，回收利用水里的碳酸钙，以使珊瑚能够再次利用。

P196 下 大量肥料被倾倒入大海导致棘冠海星的数量猛增，它们有毒的棘对珊瑚的杀伤性极大。

P196—197 这是一种属于红扇珊瑚属的软珊瑚。在过去30年里，30%的硬珊瑚已经消失，澳大利亚昆士兰州海洋科学院的研究人员也正在努力地寻找一种在面对气候变化时复原力更强的新珊瑚。

繁殖，它们有毒的棘会导致珊瑚死亡。但是，位于昆士兰州（Queensland）汤斯维尔（Townsville）的詹姆斯·库克大学最近有了一些好消息，其研究人员发现用一种便宜且易获得的“解毒剂”可以消灭这种剧毒物种——普通的醋。

P198 上 鲸鲨是现存最大的鱼类。它的长度可以达到 20 米，是一种非常贪婪的捕食者。

P198 下 一条精美的棕点石斑鱼正在寻找食物。大堡礁鱼类的数量估计有 1200—2000 种之多。

P199 每一个小须鲸都有自己特别的标记，就像人类的指纹一样。这一特征使得科学家能够精确地对它们进行锁定和登记，并研究它们的行为和种群结构。

新喀里多尼亚森林和大堡礁

由于这个群岛是法国属地，因而它在“官方上”是一个工业化国家的一部分，这个地区有一片世界上最原始的森林和一座生物多样性显著的堡礁，使得这个地区变得非同寻常。

无油樟基因组工程于 2013 年得到了 730 万美元的资金支持。这是一项长达 5 年的国际研究项目，旨在为无油樟 DNA 定序。无油樟是一种只在新喀里多尼亚（New Caledonia）生长的灌木，它长有白色的花朵。这个物种堪称活化石，它是接近或位于开花植物进化分支底层的唯一存活的祖先种属。分析它的基因组对阐明查尔斯·达尔文（Charles Darwin）定义的“一个令人苦恼的谜”至关重要，这个“谜”指的是引起开花植物传播和多样化的生物机制以及它们近乎瞬时统领植物世界的缘由。

这个“被子植物的祖先”生长在格朗德特尔岛（Grande Terre）的森林并不奇怪，美拉尼西亚群岛（Melanesian archipelago）被认为是冈瓦那（Gondwana）超大陆的遗迹，格朗德特尔岛则是它最主要的岛屿。在广阔的太平洋上没有一片土地有如此之高的生物多样性比例。这里 14% 的植物属（和几乎 80% 的物种）都是地方性物种，这里还有世界上唯一尚存的原始无维管树栖植物——即那些缺乏专门将营养和水分输送到细胞的输送系统的植物——这是另一个进化谜团。总之，这个岛上的落叶林和热带雨林为我们勾勒出了一幅地球上恐龙时代的环境图景，其画面令人难以想象。

似乎这样说还不足以说服人们把新喀里多尼亚看成一个非同寻常的地方，然而新喀里多尼亚还拥有其他的生态系统，如地中海的马基灌木丛林，这里的土壤带有奇怪的红色，这表明了土壤中存在氧化金属。这里还有大片世界著名的红树林，沿着格朗德特尔岛的西海岸分布。红树林以“沃赫之心”（Coeur de Voh）为特色，即一种由红树形成的心形图景，它是《鸟瞰地球》（*Earth from Above*）中的专题之一。《鸟瞰地球》是一部由法国摄影师雅安 - 阿瑟斯·伯特兰（Yann-Arthus Bertrand）拍摄的系列航空摄影作品集，旨在记录地球上各种各样的风景和其保护情况。此外，

相关信息

- 新喀里多尼亚，法国海外属地，美拉尼西亚
- 受威胁缘由：气候变化（海平面上升），人类活动（砍伐森林、采矿）

P200—201 “沃赫之心”是一个由红树林组成的心形图景，这个图景只能从高空欣赏。这使格朗德特尔岛拥有世界上最著名、最浪漫的景色。

P202 新喀里多尼亚有世界上最大的镍矿。这是一幅戈罗（Goro）被遗弃的镍矿矿区的鸟瞰图，矿区的废弃物最终伴随雨水流入海洋，破坏了大堡礁的生态系统。

P202—203 格朗德特尔岛蓝河公园中的水下森林是一个真正令人感到阴森可怕的旅游景点，它的形成源于 1959 年雅特（Yaté ）水电站的建造和雅特湖的泛滥。

一座世界上最大的堡礁保护着整个群岛。这个堡礁由无比美丽的潟湖和珊瑚丛组成，它的生物多样性同样显著且丰富，在这里发现一个新的海洋物种不过是一件极其平常的事。

群岛上较小的岛屿都与珊瑚密不可分，虽然它们因海平面上升而濒临危险，但是堡礁物种似乎适应气候变化的能力很强，且当地社区正在和一些国际组织一起努力保护它们。更大的危险正在逼近格朗德特尔岛的森林，这片森林曾经覆盖了整个岛屿面积的 2/3，但是现在，其覆盖面积已经减少到 21.5%。由于新喀里多尼亚的土地蕴藏有世界上一半的镍矿，砍伐森林在这里是一种常见行为。砍伐森林和采矿共同产生的影响给格朗德特尔岛带来一个绝佳的“ 礼物”：它的土壤侵蚀率达到了全球最高。尽管如此，由于这里是法国的海外属地之一，也就是工业化国家的一部分，因此，旨在用于第三世界国家环保的全球资金只有很少的一部分被划拨给新喀里多尼亚。

P204 黄金湾（Baie d'Or）的“天然海洋水池”位于美丽的松岛（Île des Pins），它的四周被茂密的植被覆盖，松岛位于整个群岛的最南端。

P204—205 这是一幅位于努美阿岛（island of Nouméa）附近的珊瑚礁的俯瞰图。新喀里多尼亚广阔的堡礁系统有非比寻常的生物多样性和大量的地方物种，已经被列入联合国教科文组织《世界遗产名录》。

相关信息

· 基里巴斯共和国，密克罗尼西亚

· 受威胁缘由：气候变化（海平面上升）

P206 加罗林环礁（The Caroline Atoll）包括世界上最偏远且未受污染的岛屿。由于它是第一个庆祝2000年新年的地方，所以这里被改名为“千禧环礁”（Millennium Atoll），或“千禧岛”。

基里巴斯群岛

一个悲喜交加的"奥运会舞蹈"在全球范围内引起了人们对密克罗尼西亚（Micronesia）那天堂般美景的命运的关注，这里的某座小岛又正好位于国际日期变更线上，是能第一个看到新一天太阳升起的地方。

虽然在2016年里约热内卢（Rio de Janeiro）举行的奥运会上，戴维·卡特奥特乌（David Katoatau）在举重比赛中的成绩只排在第六名，但是他成了一个超级明星：至少有100万人在视频网站YouTube上观看了他那相当笨拙却又令人愉快的舞蹈——他在每次举起杠铃后都会表演这个"舞蹈"。这位运动员并非只是为了娱乐公众，他真正的目的是要引起世界对他的祖国——基里巴斯（Kiribati）的关注，因为这个国家由于气候变化的影响，注定要从世界版图上消失。基里巴斯这个小国家（1979年脱离英国而获得独立）由33个壮观的环礁和珊瑚岛组成，这些岛屿遍布在位于赤道和180°子午线之间约350万平方千米的太平洋海域，它在接下来的20—80年里似乎注定要被上升的海平面所淹没。事实上，在2012年，基里巴斯总统就已经买下了邻岛瓦努阿岛（Island of Vanua Levu）——斐济群岛（Fiji Archipelago）中的一座岛屿（由于它距离基里巴斯2000千米，因此这是一个相当远的"邻岛"），因此基里巴斯的10.3万居民可以在新的岛屿上继续生活。与此同时，也有一些基里巴斯人已经开始迁往新西兰，新西兰将他们作为"全球变暖难民"接收下来。

因此，目前基里巴斯将继续那经典的天堂般的模样——明澈的水、白色的沙和绿色的椰林。这对那些喜欢水上运动（例如深海和水下捕鱼）和浪漫的"鲁宾逊漂流记式度假"的人们来说是一个理想的地方。这个国家有盐度极高的土壤和几种陆栖动植物，这里唯一的出口商品是干椰肉。基里巴斯还拥有凤凰群岛保护区，这个保护区是地球上面积最大的海洋保护区，面积达410500平方千米。保护区由8个环礁、一座水下死火山和一系列迷人的潟湖组成，潟湖里有巨大的海龟在悠闲地游泳。事实上，《国家地理》（*National Geographic*）杂志的专家认为这个壮观的保护区是最后未受污染的原始海洋生物环境之一，这里有120多种珊瑚礁鱼类，其中许多都是地方物种。这里还有514种珊瑚，且所有珊瑚都非常健康。

不幸的是，在塔拉瓦（Tarawa）环礁（这里是基里巴斯首都所在地，整个群岛一半的人口生活在这里）上有许多只能短暂作为旅游景点的地方，其中还有一些独特别致的“马尼阿巴”（maneaba），即密克罗尼西亚人举行仪式的场所。此外，基里巴斯还有第二次世界大战期间在太平洋上发动史诗般战役的遗迹，比如美国和日本军队在珍珠港事件后不久在马金发生的战斗。但是这个国家最著名的岛屿是基里蒂马蒂岛（Kiritimati），又称“圣诞岛”（Christmas Island），这是于 1777 年圣诞节到达这里的英国航海家和探险家詹姆斯 · 库克（James Cook）为该岛起的名字，詹姆斯 · 库克是第一位抵达这里的欧洲人。基里蒂马蒂岛位于国际日期变更线上，与格林尼治标准时间正好相差 14 个小时，是地球上首先可以看见新的一天太阳升起的地方。不言而喻，这是那些突发奇想要成为第一个庆祝新年且付得起这一高昂旅游费用的人的专属梦想地。

P208上 “水下农业”这一名词是专门针对基里巴斯居民靠种植藻类作为食物的种植业而提出的，基里巴斯居民是第一批被归为“气候变化难民”的人。

P208下 凤凰群岛保护区是世界上最大的海洋保护区（410500平方千米），此外，它还是120多种堡礁鱼类的家园。

P208—209 基里巴斯群岛为游客提供了未遭破坏的优美风景。但是不幸的是，这样的情况不会持续太久，因为这些岛屿在接下来的20—80年似乎会沉入海中。

复活节岛

神秘的巨型石像摩埃（moai）是波利尼西亚拉帕努伊（Rapa Nui）文明的见证者（但这或许不会持续太久），却遭受了历史上最古老惊人的环境灾难。

贾雷德·戴蒙德（Jared Diamond）是一位闻名世界的生物学家和散文家，他在其畅销书《崩溃：社会如何选择成败兴亡》（*Collapse: How Societies Choose to Fail or Survive*）中创造了“生态灭绝”一词，暗指了一个由于过度开采资源而毁坏环境和人类自身的人类社会。在这个概念之后，他接着提到复活节岛（Easter Island），波利尼西亚当地的居民又将复活节岛称为“拉帕努伊岛”（Rapa Nui）。岛上的波利尼西亚人大约在11世纪来到这座岛。可以说，复活节岛是这种“自杀行为”最明显、最引人注目的例子，而且这种行为早在社会群落开始意识到这种违抗环境可持续性法则的生活方式存在内在危险之前就发生了。因此，当1722年荷兰探险家雅各布·罗赫芬（Jakob Roggeveen）登上南太平洋这座偏远的火山岛（距离其他有人居住的岛屿约1000海里）时，这里的人口已经减少到700人，他们筋疲力尽，紧紧地抱住那由一块块浮木匆忙拼凑而成的独木舟，而整个岛上甚至连一棵细细的小树都没有——这个岛已经变成了一个经常遭受猛烈海风袭击的荒原。

然而几个世纪之前，在拉帕努伊文明的巅峰时期，这座岛屿其实到处都是茂密的棕榈树，这些树的树干直径达2米。这里还有1.5万—2万个被划分成各种部落的居民（这一人口数量对于一个面积只有120平方千米的地方来说确实太多了），这些居民掌握着一门精深的技术，使得他们能够在1000—1650年间创作出800多件摩埃雕像。这些雕像的巨型头部是由灰色火山石筑成的，它们的意义（不管是宗教意义、政治

P211 这是一幅亚虎库科里库（Ahu Ko Te Riku）摩埃神秘面部的近照，这座摩埃雕像是戴有普卡奥（熔岩石筑成的“帽子”）的巨像之一，它是最近修复的亚虎达喜（Ahu Tahai）仪式建筑群的一部分。

相关信息

- 智利
- 受威胁缘由：气候变化（海平面上升）

意义、祭祖意义、丧葬意义还是简单的有助于捕鱼成功的意义）是所有考古谜团中最有趣的谜团之一。这座岛还藏有许多人们意想不到的事。最近的一件事是 2015 年考古学家乔安妮·范提尔伯格（Jo Anne Van Tilburg）带领的美国小组发现了令人震撼的埋在土壤里的摩埃，它们的躯干上刻有铭文，但其是何种语言及它们是何意思仍然不为人知。由于对棕榈树和其他树木的任意砍伐及随之发生的土壤枯竭，导致了拉帕努伊的社会结构瓦解，战争、疾病和老鼠入侵等灾难（正如贾雷德·戴蒙德暗示的那样）接踵而来，因此在创作完这些巨像之后，拉帕努伊文明就瓦解了。

今天，复活节岛上的风景名胜可以被称作是概念上的景点。首先是它贫瘠的土地有着令人不安的美丽；其次，人们可以切身感觉自己身处一个似乎超脱尘世的地方，这里似乎居住着一群“不切实际”的人们——他们来自大陆，经常是在遭受很多痛苦之后通过不同的路线来到这里。最重要的是，这里有神秘的摩埃雕像，它们作为对游客的某种警告遍布岛屿各处。但是它们也很可能消失，就像建造它们的人们一样：大约有 250 座巨型雕像界定了复活节岛的边界，但由于海平面上升和风浪侵蚀，它们无疑正在慢慢地被损毁。

P212 阿胡通伽利基（Ahu Tongariki）建筑群有岛上最大的重达 86 吨的摩埃雕像，这个建筑群在 1960 年被一场海啸毁灭之后得到重建。照片中夏至的旭日照耀着这些不朽的雕像。

P212—213 直到灾难袭击拉帕努伊文明之前，拉诺拉拉库（Rano Raraku）死火山的火山口作为采石场已经约有 500 年之久了，在这里，人们曾经切割石材并雕刻了摩埃雕像。事实上，人们在这里还发现了一个未完成的雕像和另一个坐姿不同寻常的雕像。

波托西

由于波托西（Potosí）的银矿，西班牙（Spain）成为当时的超级大国，这也是资本主义开始的标志之一。然而今天，这座城市却有被埋在山脉（和历史）之下的风险。

“这值得一个波托西”——这种表达是米格尔·德·塞万提斯（Miguel de Cervantes）在他的小说《堂吉诃德》（*Don Quixote*）中创造出来的，现在它仍然在流行俚语中被人们使用，表示某物的价值不可估量。西班牙人耗费多年去寻找理想黄金国，却终是徒劳，但是在1454年，他们在安第斯山脉（Andes）和现在的玻利维亚（Bolivia）地区成功找到了一座满是银子的山，这使得位于山脉下方的印加波托西小村庄转而变成新世界最

大的城市，也是当时最先进的工业综合体的中心。

在这一发现之后的70年里，一系列的海外扩张，随之在南美的秘鲁波托西银矿的发现，使西班牙变成了一个当年欧洲最强大的日不落帝国。波托西的海拔高于4000米，这座城市有16万居民，包括本土秘鲁人、从非洲带来的奴隶和西班牙殖民者。由于这些殖民者，这座城市成为一座富裕奢侈的城市综合体，它有圣洛伦佐教堂（Iglesia de San Lorenzo）、货币制造厂（美洲的第一个造币厂）以及豪华的宅邸、剧院、妓院和赌场，

P214 圣弗朗西斯教堂（St. Francis Church）的圆顶。圣弗朗西斯教堂建于 1547 年，是波托西最古老的教堂。教堂内部有精美的真十字架基督雕像。

P214—215 古镇宏伟壮观的风景。这里有无数市民和宗教建筑以及精美的巴洛克式宅邸，所有建筑都见证了这里辉煌的过去和西班牙人在开采银矿时积累的巨额财富。

相关信息

· 波托西省，玻利维亚

· 受威胁缘由：过度的采矿活动

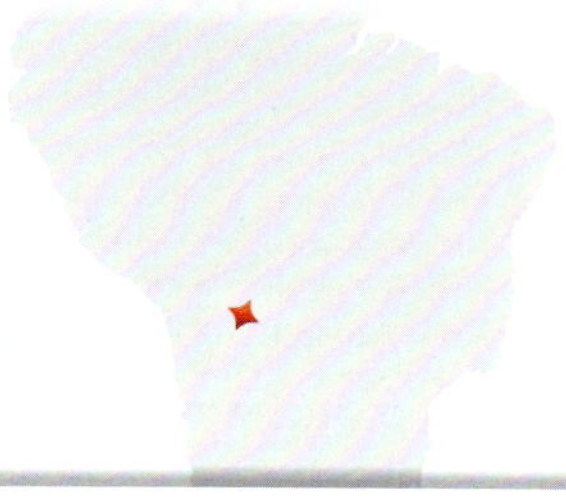

P216—217 那他默塞德教堂（Na Sa de la Merced Church）俯视着位于城市最高处的小广场，它现在已经变成一座博物馆。钟塔提供了一幅古镇和波托西山的壮观风景，波托西山由于富有大量银矿，又被称为“富山”。

P218—219 这是米利亚雷斯街道（Calle Millares）上丰富多彩的殖民建筑。由于西班牙人当时在这里设计了一个场地用来玩巴斯克球类游戏，这个街道又曾被叫作“球之街道”（Calle de la Pelota）。

所有这些建筑都结合了最华丽的西班牙巴洛克风格和本土风格的影响，采用兼收并蓄的风格建成。但是，那里的本土人和非洲人却在一种通过抽签摊派苦役的奴隶体制下的矿区工作，住在阴冷且不利于健康的木制小屋里——一条人造水道将它们与西班牙的富丽堂皇隔开。

笼罩在这些底层人生活区上方的是波托西灰红色的赛罗里科山(Cerro Rico)，即“富山”，在这座山上有一套复杂的液压系统，里面共有 140 个工厂，这套系统是金属银提炼流程的一部分，建在这里用来使银矿汞齐化，从而利用水将珍贵的金属从汞合金中分离出来。

波托西是世界上较早的资本主义城市，因为这里是资本主义基本要素——金钱——的首要来源地。由于银被运往欧洲甚至中国（当时处在明朝），因此波托西的银矿影响着全球经济。虽然在 17 世纪末期，采矿活动和采矿的人数减少了，但是据说人们可以用来自波托西的白银建一座从这里通往马德里（Madrid）的桥梁——这绝非夸张。乌拉圭作家爱德华多·加莱亚诺（Eduardo Galeano）的作品《拉丁美洲被切开的血管》（*Open Veins of Latin America*）叙述了波托西于 1825 年在西蒙·玻利瓦尔（Simón Bolívar）的带领下脱离西班牙统治获得解放的故事。就像作者在书中所写的那样，有 800 万矿工死于劳累、疾病和意外，他们的骨头也可以建成一座与白银所建桥梁长度相同的桥。事实上，本土盖丘亚人称波托西山为“食人山”。

尽管西班牙时期的壮观建筑仍然存在，波托西还是一个活跃的采矿中心，但是现在开采到的最多的矿物是铜和锌。这里大约有 1.6 万矿工，其中有些“矿工”只比婴儿大一点。这座山上有一条超过 100 千米的隧道，这里看上去就像一个蜂窝，他们就在这座山上的大约 600 个矿区中寻找财富。工作条件和安全设施与殖民时期一样，因此致命的事故和废弃矿区倒塌的不幸只是平常之事。几年前，这座标志性的山峰有部分顶峰坍塌了。专家警告：整个顶峰部分已经变得十分不稳定，可能会造成塌陷，并永远埋葬城镇。后来有人提出的解决方法是通过在矿山的洞穴里填入水泥来加固波托西山（这项工程将花费 3 亿美元，可以在一年内完工），但是矿工反对这个提议，至少目前持反对态度。

Santa
Teresa

P220—221 这是尼克安宫殿（Palacio Nik An）入口的城墙，这座宫殿是一个奇穆国王的陵墓。1964 年，因这一建筑群的修复太过“精美”而遭到现在的考古学家的严厉指责。

P221 大规模精美的建筑墙面见证了昌昌的繁荣——这些墙面上展示着精美的浅浮雕雕刻。弗朗西斯科·皮萨罗的西班牙军队曾掠夺了整座城市的金子和其他珍贵的物品。

相关信息

· 拉利伯塔德区域（La Libertad Region），秘鲁

· 受威胁缘由：气候变化（侵蚀）、人类活动

昌昌

为了弥补过少的降水量所造成的不足，人们设计了周密复杂的运河网络，因此，这个用土砖建成的城市成为新世界最繁华的城市之一。然而，今天这里太多的雨水正在危及这个地方的建筑物。

600年前，在昌昌（Chan Chan）辉煌的巅峰时期，它是世界上最大的土砖城市。当时它有6万居民，所有居民都服从于一位专制统治者，这位统治者位于严格的等级制度的顶端。这座城市占地20平方千米，共有10座梯形城堡，每座城堡都有十几个壮观精美的建筑、寺庙和广场，它们通过错综复杂的道路和带顶通道相互连通。城墙和最重要建筑的墙面通常高达10米，人们以近乎着魔的方式用代表大量鱼类、甲壳纲动物和水果的雕刻来装饰整个墙面，并在墙面雕刻海鸟图案来“看守”这些食物，因为人们相信，食物是他们的神明赐予人类的最崇高的礼物。

昌昌位于一片沿海沙漠地区，距离现在的特鲁希略城（Trujillo）有几十米远，它在850—1470年是广阔的奇穆文明帝国（Chimú）的都城。简而言之，它是当时美洲最富裕的城市，通过解决长期缺水问题取得了财富和辉煌。奇穆工程师（这是可以给予他们的最合适的名字）研究出了一个复杂的系统——通过修建长达50千米的略微倾斜的运河，将远处的水输送到这里，从而满足这里居民的用水和田地灌溉需求，而田地和附近海洋提供的食物远远多于其自身所需——由于秘鲁寒流带来的浮游生物，使这里的海域里到处都是鱼。虽然昌昌缺少自己的书写体系，但是它是新世界第一个技术社会，掌握着直到19世纪早期才在欧洲发现的输水技术。

在15世纪后期，印加人攻取了昌昌，这里杰出的工匠被放逐到印加首都库斯科（Cuzco），他们被迫为印加的首都发展做贡献。事实上，在1523年，当弗朗西斯科·皮萨罗（Francisco Pizarro）的西班牙军队抵达这座被废弃的城市

时，他们大肆掠夺那些用来装饰建筑的金银，而后留下一个残破不堪的昌昌任凭风雨摆布。现在昌昌不过是一个壮观的骨架。

时至今日，让人感到矛盾的是，水对这个令人敬畏的考古遗址构成了最大的威胁。其问题不是缺水，而是水量过大，泛滥的水患快速无情地冲毁了建筑物。在昌昌有人居住期间，厄尔尼诺洋流大约每25年就会引起一次猛烈的

P222 愈加频繁和剧烈的降雨正在将土砖结构变成泥泞之地。保护昌昌免遭这一灾难非常困难，这主要因为昌昌面积宽广——大约有 20 平方千米。

P222—223 这座城市最壮观之处在于拥有寺庙和住宅建筑群、用于经济活动的建筑物，以及为居民提供生活所需用水而建立的非常精巧的运河网络。

暴风雨。但是在今天，由于气候变暖，这些暴风雨更加频繁地袭击秘鲁海岸线，并且与更加极端的干旱期交替存在。现在，在联合国教科文组织的支持下，秘鲁政府在某些宏伟的建筑物上建造了保护罩，并用蒸馏水和仙人掌汁的混合物巩固装饰雕刻带的某些部分；但是在许多其他建筑中，人们只能在它们永远消失之前拍下其精美的细节。除此以外，这里严峻的现状还不乏现代城市特鲁希略（Trujillo）所带来的压力，以及当地人将部分沙漠变成可耕作土地的疯狂尝试——这破坏了奇穆文明的宝贵遗迹。

P224—225 这是一幅装饰墙面的浅浮雕雕刻细节图，上面雕刻着大量或真实或虚幻的动物，且几乎都是海洋生物，这揭示了奇穆人和附近海洋之间牢固的纽带关系。

P225 这是昌昌数千个装饰主题之一。这座城市的名字也可以翻译成“阳阳”。根据奇穆神话，太阳通过孵化三个蛋使这座城市有人聚居：金蛋代表皇家精英，银蛋代表他们的妻子，铜蛋代表普通人。

亚马逊

这片区域面积达6亿公顷，是地球上一个不可或缺的珍贵的“绿肺”。但是不加约束的森林砍伐正在加剧气候变化，从而危及亚马逊维持地球呼吸的能力。

20世纪70年代末，一队美国科学家开始进行即将成为有史以来最大、最长的生态实验，这个实验现在仍在进行中。为了确定森林砍伐对周边地区仍然保持完整的生态系统的长期影响，由北卡罗来纳州（North Carolina）杜克大学的托马斯·洛夫乔伊（Thomas Lovejoy）领导的森林碎片生物动力学项目研究了面积达1000平方千米的原始森林，这片森林位于玛瑙斯（Manaus）北部10座大小不同的岛屿上。玛瑙斯地处亚马逊中心，周围地区已经“清理掉”树木用作农业耕作和畜牧业养殖。在实验开始之后的30多年里，“碎片学家”——这么叫是因为他们的工作已经创造了一个新的生态学分支——已经证实栖息地之间缺少联系会导致物种单一化，即一项无法挽回的生物多样性损失，这会以同等程度危害动植物物种。事实上，这个过程正在发生，且与科学家在研究之初基于理论模型所预料的结果相比要更快、更消极。

亚马逊一片与200个足球场一样大的地区正在以迅速翻阅这本书所需的时间一样快地遭到破坏。换句话说，在过去40年里有20%的雨林已经遭到破坏（这比之前，也就是从欧洲殖民开始之后的450年遭到破坏的雨林还多），破坏区域相当于两个法国那么大。此外，这一数据并没有考虑选择性砍伐具有经济价值的树木，比如红木——这种砍伐活动导致了同样严重但是更加难以量化的破坏。

人们普遍认为亚马逊是我们地球的“绿肺”。它吸收二氧化碳的能力是抑制气候变化和避免全球范围内灾难性后果的基本要素。但是，断然保护这片森林的紧迫行动和位于这片领土上的南美洲国家的发展需要相冲突。事实上，这片地区——近乎6亿公顷的热带雨林——拥有丰富的自然资源和世界上60%的动植物物种，而科学家警告我们，如果继续以目前的速度砍伐森林，那么在接下来的几十年里，这些物种有一半将会消失，

相关信息

- 巴西、秘鲁、哥伦比亚、厄瓜多尔、玻利维亚、委内瑞拉、圭亚那和苏里南
- 受威胁缘由：气候变化、人类活动

P226—227 这是一幅雅瓦里米林平原（Yavarí Mirín plain）的鸟瞰图，位于秘鲁亚马逊区域。据科学家介绍，这片地区有世界上最丰富的生物多样性，且它的生态过程仍然非常健康。

P228—229 这种鱼群属于脂鲤属，一般称为石脂鲤（matrinxã），由于能够通过它观测出亚马逊河流的健康状况，故而正受到科学家的仔细监视。

P229 亚马逊河豚（boto）又称粉红海豚，虽然据估计它在亚马逊盆地里的种群数量有成千上万，但是由于大坝的建造限制了它的分布区域，集约化采矿污染了河流湖泊，因此人们认为这种生物容易受到伤害。

并且在接下来的 20 年里，将另有 20% 的森林减少。由于树木可以增加空气的湿度，亚马逊河流域地区大约有一半的降水来自亚马逊森林。因此，砍伐树木会引起降水减少，从而导致剩下的树木处于干涸状态直至死亡。全球变暖加剧了这种现象，甚至在近些年，亚马逊还经历了一些严重干旱时期，再加之大风的作用，又导致了这里大片地区的火灾。尤其是 2005 年和 2010 年发生的干旱，它们是过去 100 年里最严重的干旱，导致穿过这片地区的河流水位

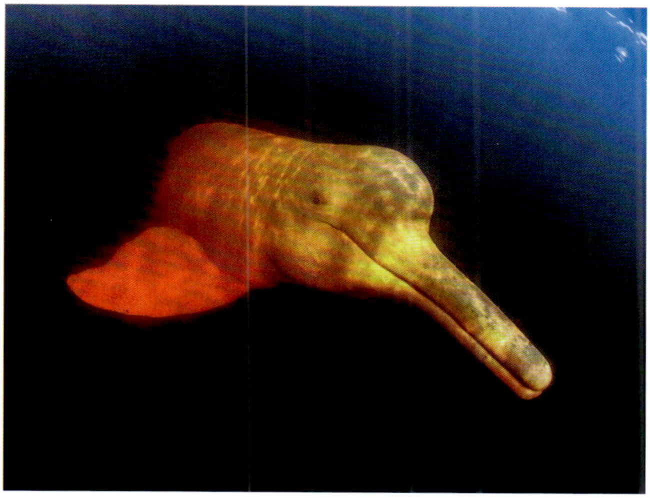

降低 15 厘米，这又对森林中的人类群体产生了破坏性的影响。此外，为了满足全球日益增长的牛肉和集约农耕（主要是大豆）需求，人们利用“刀耕火种”的方法使一块块土地更适合放牧，这一切和森林砍伐使得拥有亚马逊雨林 40% 面积的巴西成为温室效应气体排放的主要国家之一。

虽然畜牧业养殖与旨在生产饲料和生物燃料的农业是亚马逊雨林不断减少的主要原因，但是这片被亚马逊河（世界上最长的河，长达 6992 千米）一分为二的广阔区域还受到了采矿活动和石油勘探的破坏。除此之外，为实施这些人类活动，人们通过建造大坝来阻断河流和栖息有许多

水栖物种的自然汇流，并修建所需的道路，从而加速了土壤侵蚀和水源污染。总而言之，地球“绿肺”的种种遭遇或多或少可以说是一场以不道德的方式发动的战争——经济利益对环境保护发动的战争。这有可能变成“第三次世界大战”，并且整个世界的另一个重要“器官” 可能也会遭到袭击。

P230 圣拉斐尔瀑布（San Rafael Falls）高 150 米，它是厄瓜多尔亚马逊区域的奇迹之一，但是它很可能即将消失。2016 年 6 月，厄瓜多尔政府得到大笔国际贷款，使其得以在古柯河（Coca River）上游 19 千米处修建大坝。

P230—231 这是伊图佩山（Mount Itoupé）顶峰的森林景观。伊图佩山位于法属圭亚那（Guyana）。虽然这片地区在 19 世纪遭到深度的开采，但是后来它一直被人们“遗忘”，直至 2010 年这里的 3 个科学远征队发现新的两栖动物和昆虫物种。

P232 上 塞拉佩拉达金矿因塞巴斯蒂昂·萨尔加多（Sebastião Salgado）的照片而举世闻名，现在这座金矿已经被遗弃，留下的巨大地坑已经被填满水，形成了一个污染严重的湖泊。

P232 下 这是金矿里的一条非法运输飞机跑道，位于巴西帕皮乌（Paapiu）的本土雅诺马马人（Yanomami）领地。不加约束地开采土地资源也威胁着亚马逊部落的生存。

P232—233 森林的大肆砍伐造成了这一荒凉的景观。树木被大量砍伐后引起了降雨的减少，而近些年来由于全球变暖，这种现象又加剧了，从而导致亚马逊饱受严重干旱期的困扰。

P234—235 直到 2015 年，通过一系列在直升机上进行的精确的观察和考查，考古学家才最终找到著名的白城遗址。有关这座城市的情况，自从科尔蒂斯时期起就一直被口口相传。

P235 一条短吻鳄藏在雷奥普拉塔诺沿岸的树丛里。1996 年，联合国教科文组织把这个生物圈保留地列入《世界濒危遗产名录》，并在 2011 年推动一项任务，目的之一就是监测那里非法捕捞和捕猎保护物种的情况。

相关信息

· 莫斯基蒂亚地区，洪都拉斯

· 受威胁缘由：不加约束的人类活动

（非法砍伐森林、偷猎、建造大坝）

雷奥普拉塔诺生物圈保留地

大坝的建筑和一系列的犯罪活动正在危及中美洲最后一片原始森林，这片森林是许多濒危物种和本土群落的家园，以及最近发现的一个考古遗址的所在地。

荷南·科尔蒂斯（Hernán Cortés）在写给西班牙国王查理五世（Charles V）的第五封信中，除了赞扬查理五世作为一名征服者的英勇行为，还提到自己所听说的传闻——在茂密的森林里隐藏着一座名叫白城（Hueitapalan）的城市，谣传这座城市比整个墨西哥还要富裕。然而，尽管他四处寻找，还是没能成功找到它。在

接下来的几个世纪，许多人纷纷效仿他，结果还是徒劳。但是，人们对科尔蒂斯所提到的“黄金城”的兴趣并没有减退。当 1972 年著名的飞行员查尔斯·林德伯格（Charles Lindbergh）在做报告时称自己在现为洪都拉斯（Honduras）的这片地区里看见了一座隐藏在森林中的白色古城时，考古学家变得欣喜若狂，因为他们终于可以确定他们的研究地点了。尽管如此，白城直到最近才被发现：2015 年最后几个月，科罗拉多州立大学的一项考古任务使得几十件建筑作品和人工制品重见天日，这些作品属于公元 1000—1500 年繁荣兴旺时期的文明，这段文明的特征与玛雅文明不同。

这个文明以猴子和美洲虎的头部图案来敬奉神明并不奇怪，因为白城长期受中

美洲最大的一片热带森林的保护，这片热带森林仅次于美洲的亚马逊盆地。其实可以更精确地说，这个考古遗址是雷奥普拉塔诺生物圈保留地（the Río Plátano Biosphere Reserve）的最后一个奇迹，保留地面积达35 万公顷，从洪都拉斯中心的山脉向下一直延伸到加勒比海滩。这片森林是 721 种脊椎动物的家园，其中许多动物十分罕见，比如与白城神像非常相像的黑掌蜘蛛猴（*Ateles geoffroyi*）、美洲虎、大食蚁兽和白唇西猯。这里还有同样罕见的植物群，其中有十几种

兰科植物和高度可达 70 米的吉贝树（*Ceiba pentandra*）。

3000 年来，这片领地还是 5000 个来自本土的米斯基托种族（Miskito）、塔瓦卡种族（Tawahka）、佩奇种族（Pech）、加利福那种族（Garífuna）和梅斯蒂索种族（Mestizo）的族人的家园，他们乘坐独木舟在壮观的冰海潟湖中沿着雷奥普拉塔诺四处活动、捕鱼和进行自给自足的农耕活动，

P236 森林里壮观的树木沿着库尤斯蒂小道（Kuyusti Track）分布，在为“可持续发展旅游”项目进行各项安排和旅游路线设计期间，保留地中的一个本土群落设计出这条小道。

P236—237 为了创造牧场，人们已经“清理”掉莫斯基蒂亚（La Mosquitia）地区的大片森林。国际组织认为，洪都拉斯政府为保护保留地所采取的措施还需要不断得到加强。

并以这种方式一直和自然和谐共处。近年来，他们的生计也是以一种生态旅游的形式为基础，这里的每个“社区”都很明智地这样做。虽然只有一些足够勇敢的游客常来保留地，但是保留地遭到了所谓的拉丁美洲人（即有西班牙血统的洪都拉斯人）名副其实的“侵略”，这些人要开采这里的资源。其中一些人采用“刀耕火种”的方法清理土地用于放牧；另一些人对颜色多彩的军舰金刚鹦鹉（*Ara militaris*）及其他严重濒危的观赏鸟类进行偷猎；还有一些人进行非法捕鱼或在海岸沿线进行毒品非法交易。即便如此，对这片神奇地区所构成的整体性的最严重威胁是在洪都拉斯最长的河流，也是中美洲尚存的原始河流之一的帕图卡河（Patuca River）上修建大坝。当大坝完工时（预想的日期是 2018 年），雷奥普拉塔诺生物圈保留地的大部分原始森林和塔瓦卡祖先的土地将会被淹没。当地社区正在通过互联网寻求国际支持，向洪都拉斯政府发送反对大坝工程的请愿书。

P238 莫斯基蒂亚这片难以穿越的森林保护了图中这块石头，石头上面雕刻着一只猴子的脸，这或许是一个与玛雅文明有关的神像，玛雅文明在公元 1000—1500 年处于旺盛时期。

P238—239 白城中十多个建筑和人工制品的遗迹于 2015 年被发现。莫斯基蒂亚本土人口口相传的“史诗”讲述了一座被诅咒的城市的故事：任何进入这座城市的人都将受到死亡的惩罚。

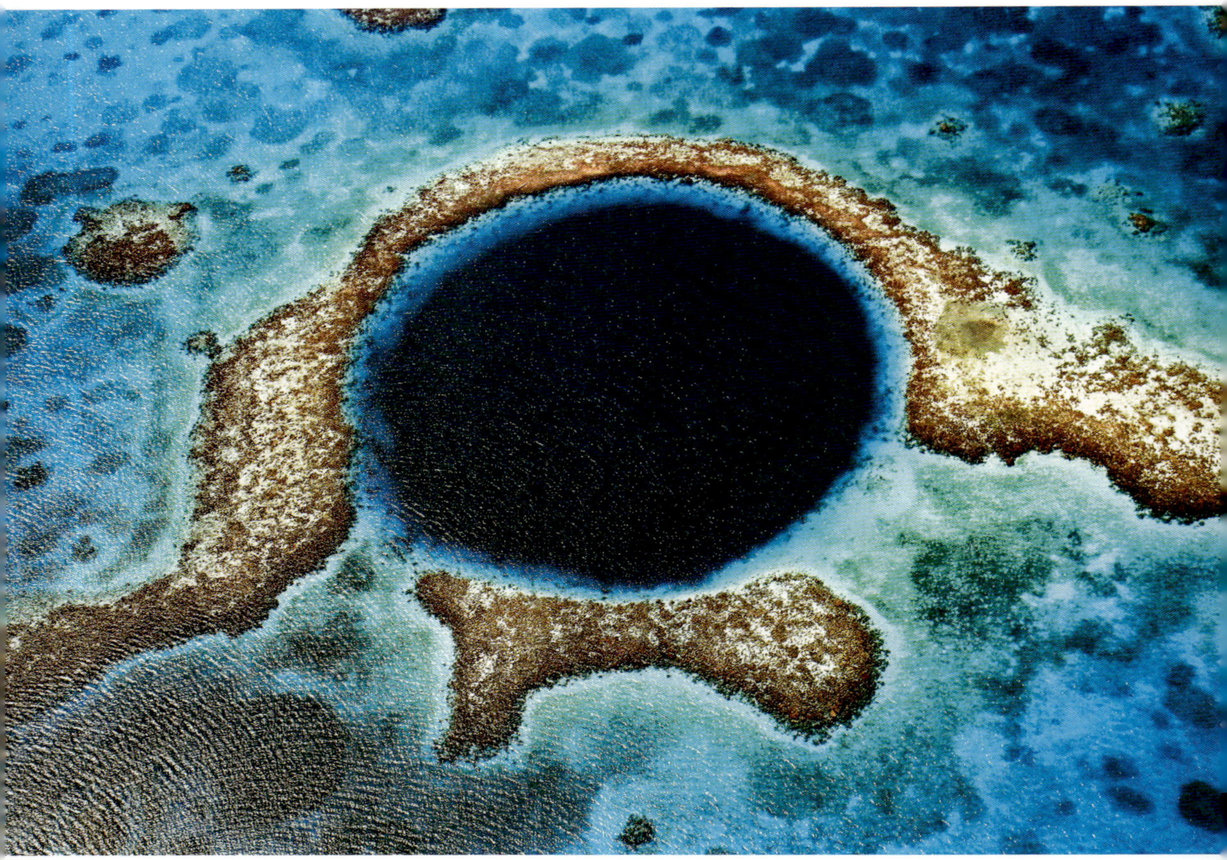

P240 毫无疑问，鸟瞰异常美丽的大蓝洞是欣赏它的最佳方法。1971年，著名的海洋探险家雅克－伊夫·库斯托成为第一个研究其深度的人。

P241 对伯利兹珊瑚礁整体性构成的最严重威胁是人类活动：附近的石油勘探、集约化捕鱼和不可持续发展的旅游业。

相关信息

· 伯利兹区、史坦溪（Stann Creek）区和托莱多（Toledo）区，伯利兹

· 受威胁缘由：气候变化、人类活动（不加约束的捕鱼、石油勘探）

伯利兹珊瑚礁

这个北半球最长的大堡礁生活着100种珊瑚和500种鱼类（以及海龟、鳄鱼、海牛和鸟类），它是一个必须被保护起来的自然（和经济）宝库。

从飞机或卫星上观察，它看上去就像是一个完美的圆，一只有着深蓝色瞳孔的“加勒比海之眼”凝视着天空，眼睛的四周是一片壮观的蓝绿色潟湖。1971年，著名的探险家雅克－伊夫·库斯托（Jacques-Yves Cousteau）首次探索了这个地方，他声称这里是世界上十大壮观潜水佳地之一。以大蓝洞闻名的水下洞穴，深约125米，直径约330米。在最后一个冰河时代的末期，石灰岩洞坍塌并落入约30米深的海里。这个大洞穴是一个复杂的地理构造，由可能超过6米长的钟乳石、宏伟的管状通道和饰有海绵与柳珊瑚的平滑壁面构成。虽然人们可能会看见偶尔出现的鲨鱼冒险进入这座海底教堂，但是这个大洞穴的特征是海洋生物匮乏，不过人们在不远处可以看到形状、色彩极其丰富的海洋生物：大约有100种珊瑚生长于伯利兹珊瑚礁三座环礁之一的灯塔礁，它是北半球最长的环礁。这个自然杰作还有数百座白沙岛屿——有些不为人知，而有些却相当著名，例如田园般的半月岛（Half Moon Caye），它是现在非常罕见的小红脚鲣鸟和其他98种海鸟的保护区——红树林岛和生活着海牛和美洲海生鳄鱼的滨海潟湖。坦白地说，从经济角度来讲，堡礁也是一个珍宝：它为伯利兹（Bezile）贡献了近15%的国内生产总值，其中每年有2亿美元来自旅游业，约1500万美元来自捕鱼业，两者一共为20万人提供了就业。此外，根据一项粗略的估计，堡礁（和红树林）每年为本国飓风造成的破坏省下了3.5亿美元，因为如果没有这一自然保护，飓风将会以更加剧烈的方式袭击伯利兹。人们无须多想就可以意识到：剧烈的季节性飓风和现在普遍影响全球的气候变化正在导致海水酸化和随之引起的珊瑚漂白。例如，据美国《国家地理》专家的报告显示，有48%的珊瑚受到飓风“米奇”（1998）灾难性的影响。但是，我们必须承认，近些年，伯利兹珊瑚礁通过其“自愈”过程已经展示了其适应环境变化

的能力，这一点非常鼓舞人心。尽管如此，联合国教科文组织和世界文化遗产基金会等国际组织仍严厉警告，对这片广阔地区的完整性结构的最严重的威胁来自人类活动。计划性的石油勘探离大堡礁很近，海岸沿线部分的红树林已经消失，因为为了给新的度假胜地或虾厂让出地方，它们已经被“清理掉”。此外，这个地区的捕鱼业就捕鱼数量和采取的方法应该受到更加严格的管理。还有一个特别具有破坏性的做法是把从此处“收集”的多彩热带物种放在具有观赏性的水族馆里，为此，渔夫会通过往水里投放氰化钠来麻醉鱼类，而这种做法会导致堡礁地区平均 75% 的珊瑚和其他微生物死亡。

P242 一条伪装在沙子里的大西洋刺魟（上）。科学家已经意识到受伯利兹潜水中心的推荐而到此潜水的人员及他们在水底与海洋生物的“互动”对这些生物的生存和活动产生了消极的影响。由于鳍斑蝴蝶鱼（下）被作为水族馆观赏鱼而使其需求量大增，人们通过往水里投放氰化钠来麻醉它们，从而非法“收集”它们，但氰化钠对海洋中珊瑚的健康带来危害。

P242—243 近些年，伯利兹珊瑚礁旁边的大型柳珊瑚群落（即紫色的海扇）已经在采取一种“自愈”的形式来抵抗气候变化引起的海洋酸化的影响。

埃弗格莱兹大沼泽地

“草河”是美国唯一的热带生态系统，它只有部分得到保护，且必须面对来自附近和远处的威胁。

虽然美国人有充分的理由认为自己是环保的先锋，但是有一些遗憾使他们感到内疚：虽然19世纪的大峡谷（Grand Canyon）和黄石（Yellowstone）的壮观风景创造了荒野神话，但是诸如佛罗里达（Florida）平原这些同样令人惊奇的地区却完全被人们忽略了，而正是这个平原，拥有美国仅有的热带生态系统。

不可否认，埃弗格莱兹大沼泽地（Everglades）是一片环境恶劣的地区，许多人说它到处都是蚊子和鳄鱼，自然不为过。事实上，在1904年，拿破仑·波拿巴·布劳沃德（Napoleon Bonaparte Broward，仅仅这个人的名字就能证明他的雄心）当选为佛罗里达州州长，在竞选活动期间，他大声地喊出他要“开垦那片令人发指且环境恶臭不堪的沼泽”。尽管如此，独特的草河[本土塞米诺尔人（Seminoles）又称其为“帕里奥基”（Pa-Hay-Okee）]的河面上遍布小岛，河水从奥基乔比湖（Lake Okeechobee）流入佛罗里达湾（Florida Bay），令人不易察觉。它在流经一片红树林、长满青草的泥泞湿地和一片片树丛及灌木丛时会变成宽阔的水域，其宽达80千米，而树木和灌木之所以能在这里生存，是因为它们的根长在了恶臭的水中——这片区域直到1947年才被宣布为国家公园。然而不幸的是，这个保护区只是整个湿地区域的一部分，而且公园建成之时，这里的面积已经开始不可阻挡地缩小。

现在大沼泽地的面积比原始时期的一半还要小。1947年美国佛罗里达州的人口有50万，而现在它的人口数量大约有2000万，据估计，到2050年，这个数量还会翻一倍。

P245 是迷人的水中迷宫还是令人讨厌的沼泽？直到1947年，当部分大沼泽地被宣布为一个保护区时，一些佛罗里达州的政客会通过许诺开垦这片地区来实现自己的政治目的。

相关信息

· 佛罗里达州，美国

· 受威胁缘由：人类活动（污染、人口过剩、引进外来物种）

P246—247 阔叶白千层属植物（*Melaleuca quinquenervia*）是一个外来物种，它在湿地里茁壮成长，已经在大沼泽地形成了一个“树中河”，排挤掉了本土植物群。科学家正在尝试抑制它的蔓延，但是目前为止仍收效甚微。

P247 一只紫（或黄腿）青水鸡（*Porphyrio martinicus*）。大沼泽地是 360 种鸟类的家园，因此它是鸟类观察者的天堂。

为了满足人口快速增长的需求，大部分土地被开垦，大坝、泵站和运河已经被建成，奥基乔比湖（Lake Okeechobee）是大沼泽地生态系统的水源，而防洪措施已经导致它的水位下降了数米。

在过去的 60 年里，甘蔗业占据了公园的边缘地区，种植甘蔗过程中使用的化肥严重影响了该地区的水质，导致这片地区在磷和硫酸盐污染方面成为“世界冠军”。这些物质又通过复杂的生物和化学过程导致鱼类、爬行动物和哺乳动物的体内积累了大量毒性汞。所有这些都严重危及公园里的动植物，尤其是美洲海牛（*Trichechus manatus*）和佛罗里达黑豹（*Puma concolor coryi*），它们现在的数量只有几千只。

大沼泽地还创造了另一项世界纪录，即这个地区拥有世界上最大的外来动物群落——现在占据所有物种的 26%。其中最“邪恶”的非本土生物是缅甸蟒蛇（*Python bivittatus*），它是世界上第三大的蛇。其实，在佛罗里达州，有些人会选择这个生物作为他们的“宠物”，但是当他们为这种大蟒蛇的惊人食量而感到惆怅，并意识到它需要一个更能满足其需求的水生栖息地时，他们就会把它抛弃到大沼泽地。可这样做的结果是什么呢？这些蛇的繁殖速度非常快，它们现在已经开始与短吻鳄互相争夺食物了。在过去 10 年里，公园护林人已经捕获了超过 2000 条缅甸蟒蛇，但是据估计，这里还有 10 万条蟒蛇在草丛和红树林中漫游，享受着它们的猎物。

P248 一幅奇特的美洲海牛“集会”图。海牛冬天会集中在“三姐妹”温泉附近。不用说，这个地方是一个旅游景点，许多人会乘独木舟前往。

P249 一头美洲海牛的鼻口近照。这里的海牛数量估计有 1800 头。它们因和船只发生碰撞以及栖息地的减少和污染而濒临危险境地。

P250—251 美洲短吻鳄被认为是大沼泽地生态系统的关键物种。在枯水季节，大量动物会占领被它遗弃的巢穴。

梅萨维德

神秘的“外来”阿纳萨齐群落再次成为气候变化的受害者。今天，其文化的宏伟见证正受到洪水、干旱和火灾的威胁。

他们是谁？他们来自哪里？他们在历史上的某个时间又为什么消失？从严肃的学者和专家到“地外生命”的狂热信仰者，许多人都努力为这些关于这个古代群落的问题提供答案。这个备受关注的古代群落生活在梅萨维德（Mesa Verde）聚居地[以及其他广阔壮观的荒野地区，这个地区被称为“十字路口”，位于科罗拉多州（Colorado）、犹他州（Utah）、亚利桑那州（Arizona）和新墨西哥州（New Mexico）的交汇处]。上述狂热者——本土纳瓦霍人（Navajo）将这些人命名为“阿纳萨齐人”，意思是“古代的外星人”，因为他们发现这些人在洞穴里创作的岩画描绘了奇怪的生物和形状，很像恒星和行星，狂热者把这些作为他们猜测的“证据”——声称这些人是一个外星人种群。但是经过科学方法推断，阿纳萨齐人在13世纪末灭亡（消失）的原因是诸多因素共同所致。尤其是气候变化引起了严重的旱灾和温度大幅下降，而这又正好发生在这个群落人口的高峰期，因此导致了阿纳萨齐印第安人为微薄的资源相互竞争，以致发生内部战争甚至嗜食同类的情况，对此，人们已经得到一些相关考古发现的证实。

至于阿纳萨齐人是否与外太空有关系，天文学家卡尔·萨根（Carl Sagan）声明，就像曾生活于其更南部的玛雅人一样，阿纳萨齐人已具备了一定知识，并能通过这种知识制定出一个跟踪行星运动的日历。科学家甚至在他们的绘画中确认出一幅表示超新星爆炸导致天空中蟹状星云形成的图画。

尽管如此，通过遗迹，人们发现阿纳萨齐人大约于公元50年在梅萨维德定居，且很快就能够制造陶器，并种植玉米和养殖火鸡作为食物了。那时他们住在部分位于地下的简陋土砖房里，房屋通常由两个房间组成，一个房间中间有开放式壁橱，另一个房间则用来存储。人们在一个被称为“基瓦会堂”（kiva）的圆形建筑物中会面和参加社区仪式。大约在公元850—900年，当这里的人口增至原来人口的两倍时，突如其来的气候变化使整个地区变得异常寒冷，不再适合种植农作物，从而导致该社区的瓦解以及人们离开梅萨维德地区。

大约在930年，当突发气候变化结束，阿纳萨齐人重返这片土地，他们开始发展技术，能够用土砖和稻草紧靠悬崖修建某种“公寓”，这种“公寓”包括100多人

相关信息

· 科罗拉多州，美国

· 受威胁缘由：气候变化

P253 梅萨维德悬崖现在受到梅萨维德国家公园的保护，700 年来它一直是一个群落的家园，这个群落对于我们来说仍然是个谜。但是我们的确知道这个群体的科学技术和天文学都相当先进。

住的房屋、粮仓和社区活动所使用的大型圆形基瓦会堂。这个令人震惊的建筑看上去似乎悬挂在岩石面上，现在它被称为“悬崖宫”，人们认为它是印第安文化中最重要的建筑。据推测，直至 13 世纪，这里的人们都过着繁荣富裕的生活，某些考古学家发现他们还和古墨西哥文明之间有商业联系。今天全球变暖威胁着“悬崖宫”和其他位于梅萨维德和整个“十字路口”领域的阿纳萨齐遗迹。极其猛烈的降雨和洪水正在冲毁这里的建筑物，之后还会不可避免地出现数月的旱灾和火灾，从而毁灭公园保护区内的小路和价值难以估量的珍贵考古研究遗址。

P254—255 黄昏时分的斯威夫特卡伦特溪流（Swiftcurrent Creek）山谷，东方耸立着金字塔形的威尔伯山（Mount Wilbur），西方耸立着陡峭的永利山（Mount Wynn）。公园里一条最受人们喜爱的远足小径穿过这片地区。

P255 2006 年 6 月发生的一场火灾毁灭了沿着红鹰山（Red Eagle Mountain）一个斜坡分布的 1.3 万公顷的森林。据公园护林员说，雷电引发了这场灾难。

相关信息

· 蒙大拿州，美国

· 受威胁缘由：气候变化（冰川消失）

冰川国家公园

被称作“大陆的皇冠”的保护区曾经有150座冰川，而现在只有25座，可是由于全球变暖，到2030年这仅有的25座冰川也将可能消失。

有这样一幅绘画作品：整幅作品中没有描绘一个人，黎明的光辉给远处的冰川绘上了一层粉紫色，画作的上部有一群野牛，正在穿过岩石嶙峋的山脊，前景中两只饥肠辘辘的狼正在草地中游荡。这幅《当土地属于上帝》（*When the Land Belonged to God*）是一幅于1913年受蒙大拿州海伦娜俱乐部委托，由艺术家查尔斯·马里昂·罗素（Charles Marion Russell）绘成的作品，现在它在蒙大拿历史学会博物馆展出，受到州府参议院的保护。

这幅具有感染力的油画被称为一次“精神的顿悟”，它表达了查尔斯·罗素对

这个荒野地区所有的爱，不久之后，这个地区变成了冰川国家公园。罗素被认为是第一个描绘美国西北部壮观风景的画家。他像个拓荒者一样生活，在四周环绕着山脉和冰川的山谷里为自己搭建简单的木屋，现在这些木屋是公园历史遗产的一部分。由于这位艺术家总是在他的签名旁边画一个野牛的头部速写，为了表示对他的纪念，人们将他住过的木屋称为“公牛头小屋”。其实，除此之外，他不可能找到比这里

更为壮观的景象作为他的灵感来源了：本土印第安人称这个公园是“宇宙的脊梁”，而第一批欧洲殖民者称这些山脉是“大陆的皇冠”。在这里，大陆分水岭并不是一个抽象的地理概念：人们从三分峰（Triple Divide Peak）的顶峰可以看到水向下流入密苏里（Missouri）、哥伦比亚（Columbia）和萨斯喀彻温（Saskatchewan）的河流，最终汇入大西洋、太平洋和北冰洋。

和人们可能被误导的传闻不同，公园并不是以它的冰川而命名，而是以这些冰川在岩石上的“雕刻作品”的内容命名的，这些冰川创作出像刀锋一般的顶峰、完美的冰川圆形露天剧场、又深又蓝的高山湖泊以及支持大型动物种群的所有生态系统，这些大型动物包括棕熊、灰熊、美洲狮、狼獾、麋鹿和长着巨大的螺旋角的落基山羊。此外，这里还是拥有“荒野旅游业”设想的公园之一。事实上，这里风景优美的“向阳大道”（Going-to-the-Sun-Road）已被列入国家历史名胜。向阳大道于1933年建立，全长80千米，横穿4000平方千米的保护区。这条大道仅在夏季对外开放，因为只有夏季这里没有雪，会有150万游客来到这里。然而事实上公园全年都吸引着各地游客。冬季，它在迷人的背景之下给人们提供跨国滑雪的场所；秋季，这里的树木呈现出令人难以置信的鲜艳颜色；春季，当冰雪消融，大自然似乎再次复苏，这片地区又变得美丽至极，令人赏心悦目。但不幸的是，春天醒目地揭示了公园戏剧性的命运。

20世纪初，冰川国家公园拥有150座冰川，而今天只剩下25座。冰川在1850年左右的确已经开始消退，但是最近人类活动所引起的全球变暖进一步加速了这一现象的发生，其程度比世界上其他地区都要严重。据气候学家研究的理论模型预测，到2030年，冰川国家公园里的冰川将会全部消失，但不幸的是，事实明显证明了这个预测太过乐观。在过去的几十年里，这里山峦间的温度已经上升了近17℃，这意味着冰川已经登上了走向灭亡的单程列车。这次温度的升高对生态系统产生了多米诺效应：高山湖泊正变得日益温暖，这对生活在其中的动植物十分不利；这里的林木线逐年上移，威胁着那些已经适应在林木线以内生活的物种；山脉也更加容易受到侵蚀。

2006年，冰川公园遇到的问题被作为

拍摄素材选入著名的纪录片电影《难以忽视的真相》（*An Inconvenient Truth*），这部电影由美国前副总统阿尔·戈尔（Al Gore）制作，旨在激起美国公众对于气候变化产生严重问题的良知。现在公园受到了严密的监视——甚至还有公众的监视，他们给了公园一个非常具有讽刺性的新名字：“以前被称作冰川的公园”。

P256 首次季节性降雪覆盖了灵鹫山（Vulture Peak）。这座山峰高 2938 米，它俯视着从 1966 年至今面积已经减少 50% 的灵鹫冰川。

P257 这是冰川国家公园无数山峰之一。与大多数人所想的不同，公园的名字并不是为了纪念它的冰川，而是为了纪念冰川形成的壮观岩石形成物。

P258—259 德纳里公园的南端坐落着所谓的“教堂塔尖”，它是基卡特纳山脉（Kichatna Mountains）的一部分。阿拉斯加人说这条山脉是北美花岗岩塔尖最大的集中地。

P259 奇迹湖（Wonder Lake）无疑是这片水域最合适的名字，水中倒映着美国最高的山峰——德纳里山峰（6194 米），从图中的背景里我们可以看到它。

相关信息

· 阿拉斯加州，美国

· 受威胁缘由：气候变化（冰川萎缩）、人类影响

德纳里国家公园

这个公园拥有北美最高的山峰，以及灰熊和森林，这里因具有壮观的环境，是进行令人激动的荒野体验的绝佳之地，美国前总统奥巴马（Obama）曾采取行动促进对公园生态环境的保护。

2015 年 8 月 31 日，时任美国总统奥巴马正式把麦金利山（Monte McKinley）改名为“德纳里”（Denali，在阿塔巴斯坎语中，其意思是“伟大的事物”），从而恢复 100 年前从阿萨巴斯卡印第安人（Koyukon Athabascan Indians）那里“偷”走的名字。在当时，由于欧洲群落和本土美洲人的关系，这个名字被认为是帝国主义可恶的象征，包括文化帝国主义。这不仅仅是一个正式的决定。几十年来，阿萨

巴斯卡印第安人代表团会定期向美国国会提出有关这座海拔 6194 米的美国最高山峰的命名问题，但总是遭到俄亥俄州（Ohio）参议员的强烈反对和否决，美国前总统威廉·麦金利（William McKinley，1901 年遭到刺杀）就出生在这个州。

后来美国对此山峦宣布改名的时机非常完美：奥巴马在访问阿拉斯加州（Alaska）的前夕，在这里度过了一周，目的是要亲自观察（并引起人们的关注）气候变化对这个州的影响，他把这个州称作气候变暖的地点。奥巴马拜访了受到海平面上升威胁的沿海社区，还去参观了德纳里山的冰川——其面积和大小已经变得

P260—261 儒斯冰川大峡谷（Great Gorge of Ruth Glacier ）宽 1.6 千米，长近 64 千米。据估计，阿拉斯加州有大约 10 万座冰川，其中许多都没有名字。它们即使处在这个寒冷的地区，面积也在不断减小。

P261 灰熊一家阻挡了德纳里国家公园唯一可通行的公路，这条公路大约 100 千米长。公园官方已经否决（至少目前是这样）旅行社提出的通过修建新路增加公园通路的要求。

"面目全非"。

德纳里山位于德纳里国家公园的中心。德纳里国家公园占地 200 万公顷，它被理所当然地认为是美国远离污染的荒野地区之一，也是美国十大陷入危险境地的公园之一。虽然这片地区以及整个阿拉斯加州似乎是一个野生自然的圣地，但事实上，采矿活动和大量飞往北极的飞机所排放的废气导致了这里的大气污染，其产生的影响已殃及这里的动植物。与此同时，虽然森林火灾自然形成且积极推动了土壤和植被的更新，但是现在火灾发生得更加频繁和猛烈。此外，生长着所谓的"醉林"的大片区域正在不断增加——由于永冻层土壤的融化、下沉，使得这里的树木朝不同的方向倾斜生长，这一现象表明这里有严重的土壤侵蚀问题。

德纳里国家公园是阿拉斯加州最受欢迎的旅游景点，它拥有各种各样的生态系统，从夏天花朵遍地的山谷，到常青树林和长满苔藓和地衣的令人震撼的苔原，不一而足。这里的动物群有 39 种哺乳动物，包括麋鹿、北美驯鹿、狼和许多灰熊（每天几乎有 80% 的游客会来观赏）。现在公园里只有一条路况良好的公路和少量小路，公路长 100 多千米，

P262 上 在一片秋色宜人的草地上，一头麋鹿正在吃草。据估计，公园里麋鹿种群的数量有 1800 头，它不仅受到诸如熊和狼等掠食者的威胁，还受到气候变化和人类活动的威胁。

P262 下 一片奥地利松树（Austrian pine trees）沿着尼纳纳河（Nenana River）的河岸生长，这条河曾是电影《荒野生存》的取景地。再向前，这条河会汇入塔那那河（Tanana River），这里已被来自加拿大育空（Yukon）地区的采矿活动所污染，加拿大已经对此引起了注意。

P263 熊果（*Arctostaphylos uva-ursi*）。阿萨巴斯卡本土人称这些浆果为“kinnikinnic”，在他们的仪式或典礼期间，他们会用烟草和红瑞木（Cornus stolonifera）树皮一起来熏制这种植物。

仅供公园交通系统使用。因此，许多旅行社提出希望能在此获得更多的便利服务。幸运的是，他们的这些提议只是徒劳（至少目前是这样），因为修建新的道路会对公园的生态系统产生更多的压力。毕竟，这些所谓的改善会与公园的“理念”背道而驰。乔恩·克拉考尔（Jon Krakauer）的畅销书及根据其改编的电影《荒野生存》（*Into the Wild*）叙述的是一位名叫克里斯多夫·麦肯迪尼斯（Christopher McCandless）的年轻男子的极度冒险经历，他最后的时光就是在这个公园里度过的。

P264 一群图里白额雁（*Anser albifrons gambelli*）掠过积雪覆盖的德纳里。这个物种曾经在整个北极地区都相当普遍，但是现在种群数量减少，令人担忧，西阿拉斯加州是它最后的安全筑巢之地。

P264—265 风雪在德纳里山的斜坡上创作出一幅壮美的风景。这座山在海拔 3000 米以上的部分是一片雪地，这里有大量的冰川，其中一些冰川可绵延几十千米。

P266—267 德纳里山俯视着广阔的儒斯冰川。儒斯冰川的形状就像圆形露天剧场，在这座冰川上滑雪远足是人们在德纳里国家公园可以体验的最激动人心的经历之一。

作者简介

加斯米娜·特里福尼(Jasmina Trifoni)，一位专门报道旅游信息的记者。她在子午线杂志社（“Meridiani”magazine）工作了10年时间，现在为此领域中主要的意大利杂志写作。白星出版社曾出版过她创作的许多图书，其中包括：一套联合国教科文组织世界遗产名录系列图书三册——《艺术珍宝》（*The Treasures of Art*）、《自然保护区》（*Nature Sanctuaries*）和《古文明》（*Ancient Civilizations*），《世界上的大城市》（*The Great Cities of the World*），《逃往80座岛屿……》（*80 Islands to Escape to…*），《全球顶级100次探险之旅》（*The World's 100 Best Adventure Trips*），《理想的度假胜地》（*Dream Vacations*），《浪漫理想的度假胜地》（*Romantic and Dream Vacations*）。

图片来源

P 2-3 Panorama Media/age fotostock
P 5 SuperStock/Getty Images
P 6-7 Arterra/UIG/Getty Images
P 9 SUETONE Emilio/AGF/HEMIS
P 10 Alex Hyde/naturepl.com
P 12-13 Sven Zacek/naturepl.com
P 14-15 Michele Falzone/Getty Images
P 16 DANITA DELIMONT STOCK/age fotostock
P 16-17 Paul Souders/Getty Images
P 18 Layne Kennedy/Getty Images
P 18-19 Patrick ROBERT/Corbis/Getty Images
P 20-21 Layne Kennedy/Getty Images
P 22-23 HAGENMULLER Jean-François/AGF/HEMIS
P 24-25 Yann Arthus-Bertrand/Getty Images
P 26 PHILIPPE DESMAZES/AFP/Getty Images
P 26-27 HAGENMULLER Jean-François/AGF/HEMIS
P 28-29 Marcello Bertinetti
P 30 Marcello Bertinetti
P 30-31 Marcello Bertinetti
P 32 RENAUDEAU Michel/AGF/HEMIS
P 32-33 Matteo Colombo/Getty Images
P 34-35 JTB Photo/UIG/Getty Images
P 35 Laura Lezza/Getty Images
P 36 Igor Markov/Getty Images
P 37 JTB Photo/UIG/Getty Images
P 38 GoodLifeStudio/iStockphoto
P 38-39 © Danita Delimont/Alamy Stock Photo
P 40-41 Martin Zwick/age fotostock
P 42 Gonzalo Azumendi/Getty Images
P 42-43 Funkystock/age fotostock
P 44-45 Wild Wonders of Europe/Widstrand/naturepl.com
P 46-47 Wild Wonders of Europe/Widstrand/naturepl.com
P 47 Wild Wonders of Europe/Widstrand/naturepl.com
P 48-49 Wild Wonders of Europe/Widstrand/naturepl.com
P 49 Danita Delimont/Getty Images
P 50-51 Steve Allen/Getty

Images
P 51 Stephen Coyne/age fotostock
P 52 © Aldo Pavan/ DanitaDelimont.com
P 53 Zoonar/Reinhold Ring/age fotostock
P 55 George Steinmetz/Getty Images
P 56 Egmont Strigl/ imageBROKER/age fotostock
P 56-57 Guenter Fischer/ imageBROKER/age fotostock
P 58 top George Steinmetz/ Getty Images
P 58 bottom Angela Prati/age fotostock
P 59 George Steinmetz/Getty Images
P 60-61 George Steinmetz/Getty Images
P 61 George Steinmetz/Getty Images
P 62-63 George Steinmetz/Getty Images
P 63 Atlantide Phototravel/Getty Images
P 64-65 Araldo De Luca/ Archivio White Star
P 65 Araldo De Luca/Archivio White Star
P 67 Marcello Bertinetti
P 68-69 Giulio Veggi/Archivio White Star
P 68 Ayse Topbas/Getty Images
P 70-71 Wade Davis/Getty Images
P 72 Sébastien Cailleux/Corbis/ Getty Images
P 72-73 Brent Stirton/Getty Images Reportage
P 74 © Santiago Urquijo/Getty Images
P 74-75 Anup Shah/Getty Images
P 76 Anup Shah/Getty Images
P 76-77 Anup Shah/Getty Images
P 78 Nigel Pavitt/Getty Images
P 78-79 Martin Harvey/Getty Images
P 80 Randy Olson/Getty Images
P 80-81 Michael Poliza/Getty Images
P 82 GUIZIOU Frank/AGF/ HEMIS
P 82-83 RANDY OLSON/ National Geographic Creative
P 84-85 Kazuyoshi Nomachi/ Getty Images
P 86-87 Enrique Lopez-Tapia/ naturepl.com
P 87 Yann Arthus-Bertrand/Getty Images
P 88 Charlie Summers/naturepl. com
P 88-89 Michael Poliza/Getty Images
P 90 Michael Poliza/Getty Images
P 90-91 mhgallery/123RF
P 92-93 Last Refuge/robertharding/ Getty Images
P 94-95 Andy Rouse/Getty Images
P 95 Thierry Falise/LightRocket/ Getty Images
P 96-97 Ilonde van Hoolwerff/ Shutterstock
P 98 Martin Willis/Getty Images
P 99 Chris Mattison/Getty Images
P 100-101 © FLPA/Alamy /IPA
P 102 Inaki Relanzon/naturepl. com
P 102-103 Alex Hyde/naturepl. com
P 104 ANDREEA CAMPEANU/ AFP/Getty Images
P 104-105 ANDREEA CAMPEANU/AFP/Getty Images
P 106 MORANDI Tuul et Bruno/ AGF/HEMIS
P 106-107 MORANDI Tuul et Bruno/AGF/HEMIS
P 108 Salvator Barki/Getty Images
P 108-109 Martin Siepmann/ Getty Images
P 110 Halit Suleyman/Anadolu Agency/Getty Images
P 110-111 Anadolu Agency/ Getty Images
P 112-113 Yann Arthus–Bertrand/ Getty Images
P 113 Yann Arthus–Bertrand/ Getty Images
P 114 JOSEPH EID/AFP/Getty Images
P 114-115 JOSEPH EID/AFP/ Getty Images
P 116-117 Yann Arthus–Bertrand/ Getty Images
P 118-119 MORANDI Tuul et Bruno/AGF/HEMIS
P 119 Robert Preston Photography/ALAMY/IPA
P 120-121 FRUMM John/AGF/ HEMIS
P 122-123 © Jon Arnold Images/ DanitaDelimont.com
P 124-125 Alexey Stiop/123RF
P 125 NICOLAS José/AGF/ HEMIS
P 127 Neil Farrin/Getty Images
P 128-129 George Steinmetz/ Getty Images
P 129 George Steinmetz/Getty Images
P 130-131 Michael Melford/ Getty Images
P 133 De Agostini Picture Library/De Agostini/Getty Images
P 134 De Agostini/Getty Images
P 135 DIA HAMID/AFP/Getty Images
P 137 Michele Falzone/Getty Images
P 138 MOHAMMED HUWAIS/ AFP/Getty Images
P 138-139 Michele Falzone/ Getty Images
P 140-141 HEEB Christian/AGF/ HEMIS
P 142 De Agostini Picture Library/De Agostini/Getty

Images
P 142-143 Yann Arthus-Bertrand/ Getty Images
P 144-145 STICHELBAUT Benoit/hemis.fr/Getty Images
P 145 RENAUDEAU Michel/ AGF/HEMIS
P 146 RENAUDEAU Michel/ AGF/HEMIS
P 146-147 Peter Cade/Getty Images
P 148 top DIRSCHERL Reinhard/AGF/HEMIS
P 148 bottom Doug Perrine/ naturepl.com
P 148-149 Franco Banfi/ naturepl.com
P 150 RIEGER Bertrand/AGF/ HEMIS
P 150-151 FRILET Patrick/AGF/ HEMIS
P 152 FRILET Patrick/AGF/ HEMIS
P 153 DOZIER Marc/AGF/ HEMIS
P 154-155 Jose Fuste Raga/age fotostock
P 156-157 MATTES René/AGF/ HEMIS
P 158 LEROY Francis/AGF/ HEMIS
P 158-159 LEROY Francis/AGF/ HEMIS
P 160-161 LEROY Francis/AGF/ HEMIS
P 161 LEROY Francis/AGF/ HEMIS
P 162-163 Universal History Archive/UIG/Getty Images
P 164 Omar Havana/Getty Images
P 164-165 NurPhoto/NurPhoto/ Getty Images
P 166-167 Skouatroulio/ iStockphoto
P 168-169 MORANDI Tuul et Bruno/AGF/HEMIS
P 169 MAISANT Ludovic/AGF/ HEMIS
P 170-171 Izf/Shutterstock
P 172-173 Alvaro Leiva/age fotostock
P 173 ViewStock/Getty Images
P 174-175 View Stock/age fotostock
P 176 Robert Nickelsberg/Getty Images
P 176-177 Robert Nickelsberg/ Getty Images
P 178 Thomas Marent/Minden Pictures/Getty Images
P 179 Yunaidi Joepoet/Getty Images
P 180-181 Anup Shah/Getty Images
P 181 Suzi Eszterhas/Minden Pictures/Getty Images
P 182-183 Manfred Gottschalk/ Getty Images
P 184 DIRSCHERL Reinhard/ AGF/HEMIS
P 185 Pascal Kobeh/naturepl. com
P 186-187 Alex Mustard/ naturepl.com
P 188-189 Susanne Long/ ALAMY/IPA
P 190 Suzanne Long/ALAMY/IPA
P 190-191 Paul Mayall/ imageBROKER/age fotostock
P 192-193 Inaki Relanzon/ naturepl.com
P 194 ANNIE GRIFFITHS/ National Geographic Creative
P 194-195 Inaki Relanzon/ naturepl.com
P 196 top Roberto Rinaldi/ naturepl.com
P 196 bottom Jurgen Freund/ naturepl.com
P 196-197 CHICUREL Arnaud/ AGF/HEMIS
P 198 top Andy Rouse/naturepl. com
P 198 bottom DIRSCHERL Reinhard/AGF/HEMIS
P 199 Jurgen Freund/naturepl. com
P 200-201 Arne Hodalic/Getty Images
P 202 The Asahi Shimbun Premium/Getty Images
P 202-203 GUIZIOU Franck/ AGF/HEMIS
P 204 DU BOISBERRANGER Jean/AGF/HEMIS
P 204-205 MOIRENC Camille/ AGF/HEMIS
P 206-207 Brian J. Skerry/Getty Images
P 208 top George Steinmetz/ Getty Images
P 208 bottom Brian J. Skerry/ Getty Images
P 208-209 David Kirkland/Getty Images
P 211 BARBAGALLO Franco/ AGF/HEMIS
P 212 BARBIER Bruno/AGF/ HEMIS
P 212-213 Yann Arthus-Bertrand/ Getty Images
P 214 www.for91days.com/ Getty Images
P 214-215 © Santiago Urquijo/ Getty Images
P 216-217 Juergen Ritterbach/ Getty Images
P 218-219 Juergen Ritterbach/ Getty Images
P 220-221 Christopher Howey/123RF
P 221 Massimo Borchi/Archivio White Star
P 222 Andras Jancsik/Getty Images
P 222-223 Alex Robinson/Getty Images
P 224-225 GARDEL Bertrand/ AGF/HEMIS
P 225 Jesse Kraft/123RF
P 226-227 Mark Bowler/ naturepl.com
P 228-229 Michel Roggo/ naturepl.com
P 229 Franco Banfi/naturepl.com
P 230 PETE OXFORD/

MINDEN PICTURES/National Geographic Creative
P 230-231 BRUSINI Aurélien/AGF/HEMIS
P 232 top JAMES P. BLAIR/National Geographic Creative
P 232 bottom Ricardo Funari/Brazil Photos/LightRocket/Getty Images
P 232-233 Nelson Luiz Wendel/Getty Images
P 234-235 DAVE YODER/National Geographic Creative
P 235 TORRIONE Stefano/AGF/HEMIS
P 236 TORRIONE Stefano/AGF/HEMIS
P 236-237 ORLANDO SIERRA/AFP/Getty Images
P 238 DAVE YODER/National Geographic Creative
P 238-239 DAVE YODER/National Geographic Creative
P 240-241 JTB PHOTO COMMUNICATI/age fotostock
P 241 Brian J. Skerry/Getty Images
P 242 top Pete Oxford/naturepl.com
P 242 bottom Jeff Hunter/Getty Images
P 242-243 DANITA DELIMONT STOCK/age fotostock
P 245 Juan Carlos Munoz/naturepl.com
P 246-247 Yobro10/iStockphoto
P 247 George Sanker/naturepl.com
P 248 Doug Perrine/naturepl.com
P 249 Alex Mustard/naturepl.com
P 250-251 George Sanker/naturepl.com
P 252-253 Southern Lightscapes-Australia/Getty Images
P 254-255 Dean Fikar/Getty Images
P 255 MICHAEL MELFORD/National Geographic Creative
P 256 MICHAEL MELFORD/National Geographic Creative
P 256-257 DUCEPT Pascal/AGF/HEMIS
P 258-259 Fred Hirschmann/Getty Images
P 259 IRA MEYER/National Geographic Creative
P 260-261 Tom Schwabel/Getty Images
P 261 AARON HUEY/National Geographic Creative
P 262 top HAGENMULLER Jean-François/AGF/HEMIS
P 262 bottom Konstantin Mikhailov/naturepl.com
P 263 Jack Dykinga/naturepl.com
P 264 HAGENMULLER Jean-François/AGF/HEMIS
P 264-265 BILL HATCHER/National Geographic Creative
P 266-267 AARON HUEY/National Geographic Creative

图书在版编目（C I P）数据

即将消失的世界奇观 /（意）加斯米娜·特里福尼
(Jasmina Trifoni) 著；薛莹译．-- 北京：中国摄影
出版社，2018.8
书名原文：PLACES TO VISIT BEFORE THEY DISAPPEAR
ISBN 978-7-5179-0816-6

Ⅰ．①即… Ⅱ．①加… ②薛… Ⅲ．①旅游指南 – 世
界 Ⅳ．① K919

中国版本图书馆 CIP 数据核字 (2018) 第 254145 号

北京市版权局著作权合同登记章图字：01-2017-7728 号

WHITE STAR PUBLISHERS

即将消失的世界奇观
作　　者：[意] 加斯米娜·特里福尼
译　　者：薛　莹
出 品 人：高　扬
策划编辑：张　韵
责任编辑：宋　蕊
装帧设计：冯　卓
出　　版：中国摄影出版社
地址：北京市东城区东四十二条 48 号　邮编：100007
发行部：010-65136125　65280977
网址：www.cpph.com
邮箱：distribution@cpph.com
印　　刷：北京地大彩印有限公司
开　　本：16
印　　张：17
版　　次：2018 年 12 月第 1 版
印　　次：2020 年 2 月第 2 次印刷
ISBN 978-7-5179-0816-6
定　　价：98.00 元